命理生活新智慧・叢書36

紫微姓名學

法雲居士 http://www.fayin777.com
e-mail: fatevenus@yahoo.com.tw
fayin777@163.com
http://www.venusco555.com venusco555@163.com
E-mail: venusco@pchome.com.tw

法雲居士◎著

金星出版

國家圖書館出版品預行編目資料

紫微姓名學／法雲居士著,-- 第1版.-- 臺北市：金星出版：紅螞蟻總經銷，2000[民89]　面；　公分--（命理生活新智慧叢書；36）

ISBN 957-8270-24-0（平裝）

1.命書

293.3　　　　8914019

法雲居士 http://www.fayin777.com
e-mail: fatevenus@yahoo.com.tw
fayin777@163.com

紫微姓名學

作　　者：法雲居士
發 行 人：袁光明
社　　長：袁靜石
編　　輯：王璟琪
總 經 理：袁玉成
出版部主任：劉鴻溥
出 版 者：金星出版社
地址：台北市南京東路 3 段 201 號 3 樓　3
電話：886-2--25630620•886-2-2362-6655　公司地址已變更
FAX：886-2365-2425
郵政劃撥：18912942金星出版社帳戶
總 經 銷：紅螞蟻圖書有限公司
地　　址：台北市內湖區舊宗路二段121巷28－32號4樓
電　　話：(02)27953656(代表號)
網　　址：http://www.venusco555.com
E-mail　：fatevenus@yahoo.com.tw　fayin777@163.com

版　　次：2000年10月第1版　2003年9月第2版
登 記 證：行政院新聞局局版北市業字第653號
法律顧問：郭啟疆律師
定　　價：320 元

行政院新聞局局版北字業字第 653 號

ISBN：957-8270-24-0 (平裝)

紫微姓名學

序

每一個人在剛出生後，便被父母或長輩所『命名』了。等你稍長懂事後，這個『名字』有些是你喜歡、樂於接受的，有的是你所不喜歡，耿耿於懷，始終想去改變它的。有些人對於自己的名字有模稜兩可的態度，或許他只是對自己家人的不信任感，不相信以自己的父母的知識程度會取到什麼好名字，再加上他自己本身運氣又逢到弱運，因此愈發的覺得自己的『姓名』有問題，是阻礙他升官發財的絆腳石，欲以改名來改運。我就看到一位工廠的老闆娘帶著丈夫、女兒到處去找人改名、改運，三個月內花了數萬元，最後也搞不清楚到底是那個老師替他取的名字最好。本來是因為工廠生意不佳，才去想辦法改運的，結果又耗財了數萬元，使原本困窘的財政，更是雪上加霜了。

每一個名字由父母或長輩來決定取用時，其實這個『名字』就代表著這個『取名者』當時的心態，和當時想望之事。倘若取了一個『威猛剛強』之類字眼的名字，就表示這個取名者在當時正處於懦弱、柔軟、有心無力、正需要振作之時，內心中有急欲振作、奮發的吶喊。因此才會取這樣一個有『威猛剛強』字眼的名字。倘若名字取的是花呀！草呀！蓮、萍之類的名字，便知道這個取名是一個生平無大志，苦日子過慣了，逆來順受之人，因此也不會關心什麼吉與不吉的問題，說不定就按照左鄰右舍中認識的名字裡找一個相同的名字就可以了。以致於讓這個『名字擁有者』長大了以後，會對自己的名字有很多的不滿。

『取名字』，在中國人的世界裡，自古便是有點學問、有點見地的工作。目前，很多人會去請算命的老師用五行之法來代為取名。某些老師也以名字中藏有許多身體病痛、傷災、性格與人寡合、沒有奮發力、賺不到錢等等的凶象，鼓勵別人改名、來改運。

其實，在我的思想觀念中，父母或長輩所取的第一個名字，應該是此人的『先天卦』。你以後的生存、表現、能力、成就，是你這個人所出現的『後天卦』。不論你改多少名字，它也是在『後天卦』的部份，也很難影響到『先天卦』。因此自己努『做』的部份，奮鬥的部份才是影響你一生命運的結構，而『名字』真正是一個符號，它傳遞了『你想要用什麼眼光看你』的訊息。就像是商店的招牌一樣，是醒目而又一目瞭然的。

有一回，有一個朋友拿著一張名片問我認不認識這個人？我一看名字有點奇怪，是『靈碩』兩個字，雖然我並不認識他，但有點好玩的向他說：『這個人個子一定很矮小，而且長得很怪！』朋友有點訝異的說：『是呀！是呀！你是怎麼知道的呢？』

原因就在這『靈碩』二字上，通常個子矮小的人，都喜歡取高大威豪等字樣的名字，這個『碩』字也是在慣用之列。『靈』是屬於鬼魅之流，是故其人有古怪的樣子。這是那人當時取名字時的靈感、靈動。也是促成此刻我在看這名字、解釋這個名字時的靈感和靈動。所以我知道名字是和他的長相是相反條件的。

中國文字一向有特殊的文字之美，包括了形聲、會意、指示、象形…六種不同的意義。『姓名學』是以文字做人個體符號的學問，自然也就會衍生出各類不同的說法，但總離不開使生命個體吉祥順利的祝福。

姓名學有各家、各派的理論，其實我覺得：忠於原味最重要。每個人都有每個人生存的價值。也有每個人生命該去奮鬥的方向。所以我們從自己的個性著手，審核人生成就的依歸，例如是主貴的、或是主富的。主貴的，就取主貴命的名字。人生成就是主富的，就取主福祿的名字。再加上注意一下，喜用神宜忌的問題，五行、筆劃字數的問題、生肖的問題、字體結構的問題，便不難為自己找到一個好名字了。

再則，我認為每個人的原始名字是不需要改的，除非十分不雅。因為它屬於你這個人的『先天卦』。代表你出生時的時空環境。中國人喜歡取『字』、取『號』。你可以多取幾個名字做為自己的『字』或『號』。請朋友常常用這個名字叫你，一樣也會有效果的。

這本『紫微姓名學』，是用紫微命理的觀點，結合了五行、喜用神的精髓來成就姓名學。是真正掌握了你生命中精要部的精華。以此來命名，人生中的財喜吉貴都抓住了，你就不會再有遺憾了。

法雲居士　山居謹識

命理生活叢書36

紫微姓名學

前言

中國的姓名學和中國的文字美，是同樣有豐富的多樣性。姓名學在中國是淵遠流長的產物。尤其在漢文化中是非常特別的文化支脈。中國的姓名學長久發展以來，從姓名中不但傳遞了家族傳承的文化內含，同時也表現出其人的性格、思想、生長環境以及未來可發展的空間，以及家族性和其本人的期望。另一方面也傳遞了身體上的疾厄病變或傷災以及延續子女後代的機緣是否順利。

姓名有關生死

大家也許很訝異姓名短短的二、三、四個字，竟然包括了這麼多的資料。但這是確確實實存在的。譬如說，講到傷災壽數方面，最近新聞中有一位計程車司機開車，在等紅綠燈的時候，突然被路旁倒下的電線桿給壓死了。事情非常奇巧。但是當我們看到此位倒霉司機的名字時，都會恍然明瞭了。這位計程車司機名叫『陳崑龍』。一般人名中有龍都不好。尤其是龍年生的人特別喜歡用龍來命名。龍是人間幻想之物，是不實際存在的東西。若指的是恐龍，現在已絕種了，也不存在了。龍從水、從雲，不可做困龍。『崑』是崑崙山的『崑』，這個『崑』字是表示山太高了，比太陽還高。當然會遮住太陽，山壓在日上，表示此人一生有志難伸，也沒有好的運氣。這個『崑』字在姓名中間的一個字，代表中年就有被壓死的可能了。龍被壓在山下面因此家境貧寒，家中有病妻幼子，十分堪憐，機會沒有了，錢財困難，最後又被壓死。這是當初為其取名者，對姓名學不通，而為其造的困境慘事。

所以為人取名字是關係別人一生幸福、吉凶、人命的事，豈可輕率為之。

『紫微姓名學』和別的書之不同處

這本『紫微姓名學』和別的姓名學的書不同的地方，就是本書是以姓名擁有者，當事人的立場、心態、感覺、感應為主體，再加上對此人未來成就、運氣起伏上的預測，以及八字喜用神宜忌的重點，和文字本身五行內含字體，形態的優美、含義溫柔軟弱或剛強堅定的強弱度，音韻的協調、助運、增運的效果等等條件，所做出的一個切合實際的考量，所寫的姓名學。

這本書和其他姓名學最大的不同處，是運用命理師專用的五行生剋的方法來察看字劃數的吉凶，而摒棄了坊間流行使用的『八十一劃吉凶數』來審理字劃數。因為大家早先習用的這套『八十一劃吉凶數』，已經年代久遠，傳去日本，又傳回來，中間的謬談甚多，已不合數理上真正的含意，而且與中國的命理學相去甚遠了。

數字有河圖、洛書發展而來

中國數字學的發展是經由河圖、洛書發展出來的，經過梅花易數等多項的變化，漸漸形成新的型式。命理學中有鐵板神數，也是這麼演變而來的。但『數』有其根源，也總脫不出五行之法。所以我們要發展合乎現代需要的命理學，就不能不脫去演變成迂腐的外衣。應從『數』的根源——『五行』著手，正本清源，才能維護『數』的原始智慧。

雖然『八十一劃吉凶數』對一般大眾很方便，但究竟不能一以概全，目前世上有許多有成就的人，名字字劃數都在『八十一劃吉凶數』中算是不吉的。既然不吉，又為什麼能成功呢？因為這就有問題需要探討了。例如連戰先生的名字字劃數是三十劃，在『八十一劃吉凶數』中是不吉的，為什麼他又那麼有錢呢？問題很多，你或許會說他的命中有錢。名字是人的表相，命是人的內含。名字和命格應該是合為一體的，都屬於這同一人命運上所有的東西。這是不可分開的。所以專業的命理師皆排除了運用鄉俚俗用的『八十一劃吉凶數』，而專用字劃所產生的五行生剋來取名選字。因此這也可以說：這是一本以命理師專業的立場來寫的一本『姓名學』了。

以改名字來改財運，不如改自己的心性，算自己的流年

很多人覺得財運不好，就想改名字。想改一個會賺錢的名字。一些人請

算命先生來改名字。有時候別人代為取名，又不見得是自己喜歡和認同的字眼，或是改了以後也不覺得運氣改好了，十分嘔氣。

其實我一直主張，每個人要會自己算自己的命，自己幫自己來取名字。也許父母長輩在你出生的時候幫你取的第一個名字是你所不喜歡的。你現在成熟了，有智識了，有自己獨特的思想了，就可以自己幫自己再取一個名字，做為『字』或『號』，只要請四周的親朋好友常常用新名字稱呼你，時間久了都會有效果的。

普通算命師傅都會告訴你新名字要用三個月以後才會有效。這是因為中國人以『百日』為一個重要的日子。是以天地間氣流、氣候的變化做一個循環改變的時間流程。天氣、四季以三個月為一季之變化。人之運氣也以三個月為起伏變化。人身體中之血液循環也以三個月做新陳代謝的一個循環，所以人的運氣也會隨之推陳出新，又重新開始了。因此人的運氣是和自己本身的身體和大環境中的氣候變化有密切關係的。

人的財運為什麼不好？改名字有沒有效果？

人的財運和自己本身的命格有關係，也和行運的運程有關係，更和自己生存、生活的環境有關係，更會和自己的思想方式和行為做法有關係。財運是受到種種因素在影響，最後所產生的一個結果。用改名字來改財運，只是修改了人生中的一個小小環節，要是人的思想方式、行為做法沒有改變，以改名字來改財運，只是換湯不換藥的做法，也就不見得真的有效了。

很多人因為自己一生財運不繼，所以給子女取名，以『財』、『富』、『金』、『銀』、『財寶』做為名字。因此，這些叫阿財、阿富的人有很多，而且大多數都出身貧苦之家，就是這個原因了。

在瓊瑤式言情小說流行的時候，很多母親為子女命名以小說中男女主角的名字來命名，於是有一些非凡、飄逸之類的名字，這些名字皆屬於不切實際的、幻想、意念上的名字，只適合空劫坐命的人來使用。在人緣桃花和財利上是沒有效應的。

取名字一定要合乎命格

取名字一定要合乎命格的名字，就是好名字。不合乎命格的名字，對自己沒有益處，也根本幫不了自己，還可能造成劫財、刑財等問題，就非常麻煩了。所以想要用改名字來改財運的人，其實最好的是選取有人緣桃花，有人緣機會的名字，水到渠成的方式才會有效。每個人的命中之財是有一定的，上天不會多給一分，也不會少給一分。每一點、每一滴都需要我們自己付出勞力去賺取，取一個好名字也就是幫助我們去順利的取財，和順利的成功。

人的名字代表其人的名譽，比人的生命還用得長久，人死後會留名千古，是不得不慎重的。

人並不一定要改名字，財運不好，事業不順，是因為你和財、和立業的觀念無法協調。要改自己的心性、脾氣，多增智慧，多付出努力去打拚，要減少消耗、破耗才行。和別人溝通不好，要改心性。想升官、想發財的人都要改心性，才會成功。只有自己為自己創造一個讓自己最舒適的環境，才是真正對自己好的事。修改自己比修改別人簡單容易得多。很多問題也都是『時間』所造成的問題。希望大家能運用此書中專業命理師所講究的觀念，為自己創造出一個財官並美的名字和人生。

第一章 由命宮主星看人之個性、性向來尋找適合的名字

一般人取名字，通常會挑選許多自己喜歡的字，然後再兩兩組合、或交互組合起來，成為名字的部份，最後再加上姓，唸唸看，那一個順口、好聽，便是真正的名字了。

上述這種簡單的取名法，常常會落入一個通俗的陷阱之中，那就是取到太多同名同姓的名字，或是根本沒考量到使用名字的本人，是否與此名字『名符其實』的問題。往往一些原本溫和外表相貌的人，都頂著威武猛浪之類的姓名外衣，顯得突兀異常。而實際外表剛強威武之人，卻擁有文弱秀氣，類似娘娘腔的名字。也有些取名者，會找些刁鑽古怪的字來取名，以顯示與

眾不同。這些狀況都是太不顧念使用名字的當事人的現實情況了，以致會讓使用名字的當事人常常面臨要對自己的名字多做解釋或含羞以對，有難以招架之苦。

從紫微命理的角度來看，取名字，**首先注重性格、思想和性向與名字之間的統一性**，以其人性格上的特性，取其良善的部份，加以發揚光大，做為取名的基礎，這是取名的第一個要件。

第二個要件，就是從其人命宮主星所展現在其人性格上的積極性、奮發能力來取名。

第三個要件，就是從命宮主星所代表的吉星、財利來取名。

在第一個要件部份，以其人性格上、思想上的良善面來取名的，是以命宮主星為紫微、天同、天相、天機、天梁、天府、太陰等星坐命的人，他們的性格非常溫和，外表文質彬彬，不喜於爭強鬥狠，因此取太彪悍的名字，或太剛強的名字，反而有損他們的福德，是不吉利的。用溫良謙恭、德厚的字眼才會名實相符，也才能多增福祿。

在第二個條件部份，用其人命宮主星所展現的積極性和奮發力來取名。主要指的是命格為『殺、破、狼』格局的人。

而命宮主星又是七殺或破軍，或是貪狼坐命的人，可以用較強勢，或是威武剛猛之類的字眼來取名字，可顯現其積極性和奮發力。此外，命宮中有化權星的人，也可用較強勢一點的字來取名，不過也要分清楚命宮主星是破軍化權？或是貪狼化權？亦或是天機化權？亦或是天同化權等等。因為天機、天同屬於溫和的文星之類的星，加化權以後，只是稍為強勢，它是對享福和變化有主控力。它們是不能和破軍化權、貪狼化權相提並論的。因此有破軍化權、貪狼化權在命宮的人，可以取更剛強、堅硬的名字。而有天機化權、天同化權在命宮的人，最好要取端莊、威嚴、渾厚、福重一點的名字較好。

在第三個要件中所談到的，要從命宮主星所代表的吉貴、財利來取名字。這主要講的是命宮主星是紫微、太陽、廉貞等官星時，要以主吉、主貴的字來取名字。因為紫微、太陽、廉貞等星代表的是權力和地位、階級層面的星曜。因此用帶有權力、威信的字來取名字，是最符合其人相貌、氣質和具有趨吉主貴的力量了。

命宮主星是財星時，例如是武曲、天府等星時，要特別注意財利的傳達，不可用會阻斷財利的字來取名，有關這個部份更要詳究其人本命中的喜用神喜忌方位，以及五行中可用之字才可。

命宮主星有化祿星相隨時，代表其人的人緣會很好，會得到眾人的喜歡，可以取一些可愛、討喜，又可為自己帶來一些財祿的名字。

命宮主星有化科星相隨時，表示其人會有文質的外貌，氣質較好，因此可取一些端莊、文質、有氣質的字來做名字。

命宮主星有化忌星相隨時，表示其人常有較多的是非麻煩，也常拿不定主意，一生中也常遭遇到不順利的事情。因此要避免用一些帶有是非色彩的字，來做名字。同時也要特別講究喜用神中的財吉方位，以及非得注重要找可用的五行含意的字不可。巨細彌遺，才能從『命名』中得到趨吉，能助運的幫助。

第四個取名字的要件是：一般命宮中有主星的人，皆不可取虛無飄渺等字樣的名字，例如逸、飄、風、露、幻、影等字。因為不實在，容易幻滅的字義，對人的運程是只有害而無益的。同時也會讓你的財祿，運氣化為幻影虛無。只有命宮主星是天空、地劫坐命的人和佛道宗教人士，用這些虛無的字眼為名字，是無害的。因為他們一生的志業不在財祿之中。

例如　國父孫中山先生，字逸仙，就是非常美的名字。因為　國父孫中山先生是天空坐命宮，有陽梁相照的命格，為『萬里無雲』格。此格是貴格，是故能以博愛精神，完成救國大業，開啟中國進入現代歷史之門。同時我們也可看到　國父孫中山先生一生為革命奔走，兩袖清風的瀟灑姿態。

現在我們來談談各個命宮主星的人可用那些字樣來取名。

各個命宮主星依命理格局可選用的取名之字

紫微坐命的人

紫微為至尊之宿，又稱帝座，為事業之星，司官貴。是故紫微坐命的人，在取名時，特別要注重①必須要得眾人敬愛，尊從。②要具有高尚的理想性，在事業上有發展。③要能掌權、主貴。④要能得到左右手輔助力量等條件的名字。

紫微坐命的人可選用為名的字有：

元、衡、雍、權、泰、峰、龍、端、霖、鼎、麟 等字。

紫府坐命的人

紫微、天府同坐命宮的人，在取名時，應特別注意，因為你們本命中是帝座和財庫星同坐命宮的人。因此要同時注意主貴和主富的力量，不可受到剋害。要用喜用神的財吉方位，定出五行生剋，來看自己的需要，再來選字。並且你們一生有暴發運和貴人運相助，宜選用能創造成環境良好、財利較多的字樣。

紫府坐命的人可選用為名的字有：

謹、群、慶、澤、略、芷、維、聲、璟、聰等字。

紫貪坐命的人

紫微、貪狼同坐命宮的人，是相貌、身材一流，人緣桃花特別強、口才亦好，易接近酒色財氣，喜結交權貴，也能受上司重用的人。因此最適合取一個氣派、漂亮、響亮的名字，以配合他們的相貌和向上的野心。命坐卯宮的人，宜取五行屬木多一點的名字，命坐酉宮的人，宜取五行屬土多一點的名字。但仍要以喜用神相宜之用神為主。

紫貪坐命的人，可選用為名的字有：

謙、耀、韻、雅、肇、魁、源、昂、燁、昶等字。

紫相坐命的人

紫微、天相坐命的人，是性格溫和、相貌體面，老實的人。因為其遷移宮中是破軍星，所遇到環境較為複雜、是非多，而讓人覺得他們情緒不夠穩定，有叛逆性。其人的財帛宮為武曲、天府，故主富。他們多為技術格的專業人才，可靠專業技術致富，也可做技術官僚。取名應以注重才能，或是有官格的字樣為佳。

紫相坐命的人，可選用為名的字有：

維、延、昶、婉、詠、琬、曜、宥、佑、毓等字。

紫殺坐命的人

紫微、七殺坐命的人，是外貌長相體面、嚴肅之人，眼睛很大，性格強悍，喜歡掌權。事業心很強，適合做武職或技術格。他們也會從事勤於練習，刻苦耐勞的藝術方面的職業，例如畫家、雕刻家、鋼琴家、舞蹈家等等。亦有開鐵工廠、或在買賣房地產的仲介業中工作的人。在職業分佈上比較廣。

紫殺坐命者因性格比較強勢，不適合選取太溫和、太軟弱的字來做名字。否則會形成人與名字不搭調的狀況。

紫殺坐命的人，可選用為名的字有：

璋、達、禎、臺、澄、徹、智、筌、獻、儀等字。

紫破坐命的人

紫微、破軍坐命的人，是外貌長相還算體面氣派、性格豪放、不拘小節的人。言行大膽、敢愛敢恨、性格剛強、欲望大、不滿足，常對四周的環境不滿意，喜批評，性格會反覆不定，好勝心強，容易得罪人。他們是喜歡創業的人，一生中會有多次開創格局，人生起伏大，衝動有幹勁，但做事必先破後成。

紫破坐命者，可選用為名的字有：

傑、琨、剛、駒、強、貴、魁、鷹、徵、振、鵬等字。

紫破坐命、命宮中有化權星的人，可選用為名的字有：

彪、勳、漢、威、譽、哲、展、曼、琳等字。

天機坐命的人

天機坐命的人，都是自恃聰明，又喜歡表現聰明的人。他們性急、靈敏、反應快、幻想多、計謀多，也較神經質，愛鑽牛角尖。大多數天機坐命者都長相清秀、精明多計較，以天機坐命子、午宮的人最為勤勞謹慎，但一生多是非口舌。以天機坐命巳、亥宮的人，特別長相美麗、有氣質。以天機坐命丑、未宮的人，個子矮小，但一生受父母長輩疼愛，有貴人運相助。天機坐命的人，一生以平順為主。有『陽梁昌祿』格的人主貴。

天機坐命子、午宮的人，可選用為名的字有：

良、復、弘、炎、邦、惇、裕、順、慎、瑾 等字。

天機坐命丑、未宮的人，可選用為名的字有：

璉、澤、男、鎮、慧、妮、媛、政、晏、運 等字。

天機坐命巳、亥宮的人，可選用為名的字有：

俊、禎、澄、濟、瑋、筱、容、宛、苡、穎 等字。

機陰坐命的人

天機、太陰坐命的人，是頭腦靈活，感覺靈敏之人。他們的外貌長相秀美，人緣桃花很強，受人喜愛。但性格善變，情緒不穩定，為人好動，驛馬強，人生動盪不安，靜不下來。容易見異思遷，做事三分鐘熱度，較無耐心。對感情方面的事特別敏銳，易受感情問題的影響而人生有起伏。機陰坐命的人宜公教人員、演藝人員、或快速奔走移動的行業，為薪水族。

機陰坐命的人，可選用為名的字有：

育、愛、輿、達、嫵、婉、悠、略、婷、徹等字。

機巨坐命的人

天機、巨門坐命的人，是外貌高大、氣派，個性固執，口才特佳的人。本命為『破盪格』，白手成家，不依祖業。機巨坐命的人，多半為家道中落之後人。自視很高，脾氣不好。他們多半具有『陽梁昌祿』格，有高學識或高學歷，也有專業研究的技術，在工作上會有高成就的表現，但與人寡合，容易有是非。因此要取一個具有學識意味，又要有人緣的名字為最重要，其次要講究事業成功的機運。

機巨坐命的人，可選用為名的字有：

彰、智、樂、律、泰、圖、朗、璉、麟、齡、玲、鼎、琳、甯等字。

機粱坐命的人

天機、天粱坐命的人，是外貌溫和、口才伶俐、喜歡說話的人。大致看起來聰明，喜歡察言觀色，喜歡為人出主意，為軍師格。但不愛負責任、圓滑。其人本命不主財，有巧藝在身較好。為薪水族的一員。

機粱坐命的人，可選用為名的字有：

良、志、琅、正、幸、佩、慧、敏、弘、甫、漢、興等字。

太陽坐命的人

太陽坐命的人，外貌上大多有大臉、圓型、身材高大、或中等身材、壯碩。個性剛強、好動、博愛、仁慈、不拘小節、性急，但不計較別人之過錯、是非，包容量很大。喜歡仗義直言，愛打抱不平，是坦白沒有心機的人，做事有自己的原則。吃軟不吃硬，理財能力不佳。

太陽坐命的人，要分命宮主星旺弱來看人生運程，因此在取名字上也要斟酌。太陽坐命者多半具有『陽梁昌祿』格。有此格者，人生成就會較高，生活水準也會較高，為主官貴的象徵。在取名時也要將之考量進去。

太陽居旺坐命和太陽居陷坐命，但有『陽梁昌祿』格的人，可選用為名的字有：

徹、徽、霖、甯、鼎、凰、馥、憲、鋒、壁、望、熙、輝、輔、閣、肇、魁、昆、權、源和有『日』在字中的字，如暉、暘、景等字。

太陽居陷坐命者，可選用為名的字有：

彥、晃、琨、巍、雅、健、廉、綱、群、慶、楷、駒、昭、照、煦、宣、景、晶、晉等字。

陽梁坐命的人

太陽、天梁坐命的人，都有外貌氣派，有男子氣慨，愛面子，事業心強，為人爽朗豪放，不拘小節，人緣好，喜歡幫助人，愛管別人家閒事的特性。但陽梁坐命的人，以命宮位置不同，分為兩種。命坐卯宮的人，命格為『日照雷門』格，主官貴。會走官途。命坐酉宮的人，因命格中日月反背的關係，容易浪跡天涯，為漂蓬之客，一生運氣起伏，成就不佳。此命格的人，最後多做算命或武術館行業。因命格不同，故在取名用字上的斟酌要點也就不相同了。命坐卯宮的人，以取官運旺的名字為主。命坐酉宮的人，以人生平順為主來取名字。

陽梁坐命卯宮的人，取名用字可選：

榆、聖、彬、碩、晟、嗣、宣、靖、齋、瑞、淞、儒、璟、嶽、嫚、雲 等字。

陽梁坐命酉宮的人，可選用為名的字有：

隆、敏、志、琅、植、靈、午、南、祿、鈴、從、章、振、智、嶺、梁、煦、晶 等字。

日月坐命的人

太陽、太陰坐命的人，是外表溫和、柔中帶剛，長相秀美之人。性格好動、情緒變化無常，常會三心二意，性情多愁善感之人。一生較容易為情緒的遷動而事業無成。其人為薪水族的一員。命格中有『陽梁昌祿』格的人，會做公務員，人生較奔波忙碌，不過他們有很好的夫妻運，會以感情生活為依歸，選取名字以和順、溫婉、平順為主。

日月坐命的人，可選用為名的字有：

芷、羅、毓、瑯、羚、璋、禎、島、達、澄、慧、隆、惠、屏、薇、鴻、婉、容等字。

陽巨坐命的人

太陽、巨門坐命的人，是外表開朗、口才好、是非多，喜歡以口才為業的人。一生多競爭，命坐寅宮者，三十歲以前運不好，會先貧後富，對事業固執，勤奮工作，較會成功。命坐申宮者，會先勤後惰，是非較嚴重，也好吹噓，不實在。陽巨坐命者，可做老師、業務員、仲介業，有化權者可做司法官。

陽巨坐命的人，大多數的人會做服務業，因此在取名用字上，最好選用人緣桃花強的字來助運。

陽巨坐命的人，可選用為名的字有：

娥、薇、葵、靄、宗、勝、寰、策、慎、仁等字。

武曲坐命的人

武曲坐命的人，是外貌體型中等壯碩、面方圓，性格剛直，器量寬宏、性急，做事速戰速決之人。為人很固執，重言諾、喜怒形於色，沒有心機之人。主觀意識很強，果敢剛毅，富行動力，對環境的適應力很強。是財星坐命的人喜歡賺錢。因為要取有財祿的名字來助財。

財星坐命的人，一定要先觀看命中的財多不多？也要看其人命中的財有沒有受到傷害？例如：武曲和擎羊同宮，武曲和陀羅同宮，武曲和火星或鈴星同宮，武曲和地劫、天空同宮、或有武曲化忌等都是財運受到傷害的命格，會以公務員、專業知識和手藝維生。這種命格的財富就不會太多了，就以一生平順為主的生活為人生主軸了。在取名字的時，只要注重信諾、公正、廉明、或注重才藝精達。才藝與名字相輔相成，就會有高出一般人以上的生活環境了。倘若名字和才藝不相符，或喜用神財吉方弄反了，其人一生不順，難有優渥的生活了。

武曲財星坐命的人，命宮中的財星居旺，沒有受到羊陀、火鈴、化忌、劫空等戕害的，就是財運十分旺盛的人，並且一生有多次暴發運和偏財運來助財。命宮中若再有武曲化權、武曲化祿者，所得的財富會更多。但必須也要注意喜用神方位，才能達到暴發的極至。倘若喜用神方位不合，也會影響到暴發的程度高低。

在取名字方面，普通武曲財星坐命的人，財運還不錯的人，可取財旺，又能守財的名字。並且要注重姓名字劃數的數理分析，更要注意字體的結構，以達到豐財的目的。命宮中有武曲化祿的人，也是這樣的。

命宮中有武曲化權的人，不但代表其人有對金錢財富的掌握能力，同時也會在政治方面具有主控力。因此在取名時，宜取剛強的首領之數的名字。這樣才能達到統御居高的地位。太溫和的名字就不適合了。

武曲坐命的人，命宮中再有羊、陀、火、鈴、劫空、化忌等星時，取名宜選用的字有：

治、略、烈、瑯、達、泰、圖、全、傳、齡、志、煉、英、儀、蟬、姍等字。

武曲坐命的人，財運不錯的人，或有武曲化祿在命宮的人，可選用取名的字有：

樹、榆、貴、鈞、源、淇、魁、璟、鴻、重等字，會具有大財富。

命宮是武曲化權的人，可選用為名的字有：

晏、亞、詠、猶、達、詹、略、權、直、連、瑾、植、豪、鋒、斌、鵬、靄、懋、源、昆、彥、健等字。

武府坐命的人

武曲、天府坐命的人，是武曲財星和天府財庫星同坐命宮的人。但是若要論命中帶財多寡來談取名字的吉度來論，就要分做兩種狀況了。一種是命中真正有財的人。一種是命中財運受到傷剋的人。

武府坐命，命宮中和對宮（遷移宮）中完全沒有羊、陀、火、鈴、地劫、天空、化忌等星的人，沒有刑財問題的命格，才是命中真正有財富的人。此種人會具有億萬之資，為富格之命。而命宮和對宮有羊陀、火鈴、劫空、化忌來同宮或相照的人，只為公務員，或有技藝在身的專業人士之命格（技術格），財富就稱不上富有了，可有平順的生活而已。上述這兩種人取名字要分開來選取。有財格的人要取的名字中必須要有能守財、保財的字。有刑財命格的人必須要取才能好、巧智英敏之字，幫助自已多才多能，因技術、專業而大發利市而得財。（技術格的人，若直接選用保財、守財的名字也是不吉的，財富也無法增多，反而有困守之象，無法開展。）

武府坐命為富格的人，可選用為名的字有：

源、璟、樹、慶、任、尚、崇、麒、祺、儀、霈、厚等字。

武府坐命為技術格的人，可選用為名的字有：

業、幹、義、健、堯、謙、懋、關、肇、昆、藝、彥、虹、葵、烽、煌、瑞等字。

武相坐命的人

武曲、天相坐命的人，是武曲財星和天相福星同坐命宮的人。武相坐命的人，是外表溫和，性剛直，好衣食之祿，主觀意識強烈的人。他們在六親緣份上比較好，而且一生不愁衣食，有強烈的事業心，因為官祿宮是紫微星的關係，一般都可擁有好的職業和地位，因此取名以官旺、有成就為主。並要注意取名用字不可太粗俗，以免不雅，和有傷官運和財運。

武相坐命者，取名可選用的字有：

倫、讓、泰、朗、徹、琳、樂、重、筌、璋、濟、禎、芷、婷、毓、略、羚、媛、政、尹、榕、霖、展、凰、鴻、璧、平、輔、元、國、傑等字。

武貪坐命的人

武曲、貪狼坐命的人，是武曲財星和貪狼好運星同坐命宮的人。他們是外表身材壯碩，勤快又勞心勞力的人。本命就是『武貪格』，有暴發運，因此一生有多次暴發機會，人生是大起大落的型態。

武貪坐命的人，性格堅強、固執，對錢財和好運機會有特別的敏感力。他們有自己獨特的思想和人生態度，不喜歡麻煩別人。

武貪坐命的人，是強勢命格的人，因此在取名用字方面要特別斟酌，不要用太軟弱的字，或是有傷財運和人緣機會的字才行。

武貪坐命的人，可選用為名的字有：

幹、傑、國、麒、麟、靜、寬、巍、義、健、元、肇、魁、源、權、昂、彥、儀、懋、錦、璟、豊、霈、培、嚭、丙、輔、獻、炫、逢、峰、燁、憲、淳、郎、勵、連、圖、達、濟等字。

武殺坐命的人

武曲、七殺坐命的人，是武曲財星和七殺殺星同坐命宮的人，因時也是本命為『因財被劫』格式的人，這在命理格局中就是會賺錢較辛苦一點的人。武殺坐命的人，除了有擎羊星在夫妻宮之外，大都有良好的家庭運和普通平順的人生。

武殺坐命的人，性格剛強、頑固，做事會硬拚，有時思想方式是有些古怪的。他們平常很靜、少話、好勝心強、敢愛敢恨。有擎羊、火、鈴、化忌，在命宮的人，容易因錢財而受傷，因財持刀。有擎羊在夫妻宮的人，容易因愛持刀。

武殺坐命的人，男子應該選用以武職、才幹為佳、少禍端、傷災的名字。女子應該取用以人緣為主，沒有愛情厄的名字，才是最好的考量。

武殺坐命的人，男子選名宜用的字有：

嶺、瑭、樟、振、徹、琳、鍊、端、炳、富、銘、彪、關、懋、欽、魁、巍、鋼、劍、璣、綱、廉、京、觀、駒、期、凱、堅、敬、奎、昇等字。

武殺坐命的人，女子選名宜用的字有：

娥、馥、蔻、薇、芙、曼、美、嫚、嫻、佳、葵、真、渝、姍、嬋、莎、姿、珊、慈、柔、梓、茜、禎等字。

武破坐命的人

武曲、破軍坐命的人，是武曲財星和破軍耗星同坐命宮的人。武破坐命的人是破祖離鄉，不承祖業，白手成家的人，故一生較辛勞，以巧藝為生，做武職較佳。因財星被耗星所刑財，因此賺錢辛苦，守不住財。武破坐命的人，喜歡冒險，做事喜孤注一擲。他們是表面溫和，內心固執己見的人。六親緣份不強，因此在選名用字方面，應以具備才幹、事業旺盛成功，少傷災、破財等條件的字為主。

武破坐命者，取名可選用的字有：

愼、儒、鍾、愉、寰、辰、瑞、崇、策、相、任、思、烝、宗、聲、精、椿、宣、碩、新、城、輯、舒、佐、諭、崧、松、津、凱、奎、胤、廣、堅、古、期、冠、強、貴、軍、京、廉、群、竟、淦、覲、綱、駒、頌、懋、權、欽、肇、昆 等字。

天同坐命的人

天同坐命的人，都是福星坐命的人，性格溫和、善良、謙虛。長相眉清目秀，態度較懶散、不積極。天同居旺坐命，且命宮、官祿宮、福德宮有化權的人，比較會做事積極一點。有天同化祿在命宮的人，會為享受而忙碌。一般天同居平坐命的人，會較勞碌愛玩一點。

一般天同坐命的人，都屬於『機月同梁』格，是薪水階級的人。因此命格以主貴為主。取名也以能享福祿、清雅秀氣為主。如此才能福祿雙收，以配合福星坐命的命格。

天同坐命的人，取名可選用的字有：

祐、禎、福、群、靜、姍、甄、姿、柔、榆、室、昇、滇、梓、滋、聖、遵、新、碩、蕭、整、裕、舒、嗣、尚、辰、瑞、策、鍾、儒、藝、儀、瓊、嫻等字。

同陰坐命的人

天同、太陰坐命的人，是福星與溫柔之星同坐命宮的人。太陰也是財星。同陰坐命子宮的人，本命中財要多一點。同陰坐命午宮的人，因太陰、天同皆居平陷之位，福星無力為福，太陰財星陷落，故財少福也少。

同陰坐命的人，本命都是屬於『機月同梁』格，適合做研究、學術、藝術類、醫藥類的工作，工作性質以公務員和薪水族為主。其人在性格上很溫柔，外貌美麗，男子也有女性溫柔之態，且能得女子之助而成功。同陰坐命的人非常重感情，易為情所困。因此同陰坐命的人最好是取美麗的名字，和配合福星享福祿、有人緣的名字，也宜取官旺的名字。做事會較順利，能聚財。宜排除有愛情厄的名字。

同陰坐命的人，取名可選取的字有：

津、星、聖、善、翼、鐘、靖、詩、齋、萱、聲、淞、策、鸞、童、權、源、懋、祺、穎、維、輿、愛、勇、宥、延、婉、嫵、蓉、雍、陽、譽等字。

同巨坐命的人

天同、巨門坐命的人，是天同福星和巨門暗曜同坐命宮的人。因雙星俱陷落，因此一生多是非口舌，喜玩樂享福之事，其人外表溫和，但與家人、朋友常有不合現象。不過別人都會讓他，不與他計較，因其朋友宮（僕役宮）是紫微星的關係，因此他們常可佔些小便宜。其人一生在工作上沒有定性、不積極，也無法有成就。因此取名字應選用討喜、有人緣的名字，以增其人的外緣。

同巨坐命的人，取名可選用的字有：

曜、洋、瑩、伊、榕、容、宛、昆、莎、艷、珊、聖、崧、尊、宣、康、顓、商、翰、樺、駿、真等字。

同梁坐命的人

天同、天梁坐命的人，是天同福星和天梁蔭星同坐命宮的人。同梁坐命的人，因命宮所坐落的位置之不同，而有不同的境遇。同梁坐命寅宮的人，是本命中天同居平、天梁居廟位的人，因此他是貴人運較強的，享福、懶散的部份少一點的人。而同梁坐命申宮的人，因本命中天同居旺、天梁居陷，所以他是福運較強，毫無貴人運的人，比較懶散的人。這兩種命格的人在選取名字時，就可利用自己命格的特點，來取名字以增強有利於自己的優等運氣。

同梁坐命寅宮的人，取名宜選用的字有：

航、和、學、閣、連、榜、培、豐、微、強、百、興、鴻、厚、峰、賢、屏、娥等字。

同梁坐命申宮的人，取名宜選用的字有：

美、曼、馥、佩、慧、隆、端、鳳、鼎、齡、典、祿、瑾、泰、朗、章、重等字。

廉貞坐命的人

廉貞坐命的人，是外貌陽剛、性烈、主觀強、固執，做事有衝勁、辛勞肯奮鬥、事業心重的人。廉貞坐命的人具有權謀智慧。『命、財、官』沒有煞星（羊、陀、火、鈴、化忌、劫空）的人，是具有大財富的人。廉貞為官祿星，是故廉貞坐命的人選名取字以官旺為主。

廉貞坐命的人喜外交，重人緣交際，故選名取字亦應以人緣為重。

廉貞坐命的人，取名選字可選用的字有：

倫、祖、澤、麟、璉、鼎、鳳、凰、楓、惠、屏、鋒、炳、伯、望、銘、富、獻、民、倍、丙、琳、璟、源、權、昂、儀、肇等字。

廉府坐命的人

廉貞、天府坐命的人是廉貞囚星和天府財庫星同坐命宮的人。廉府坐命的人『命、財、官』都非常好。財帛宮是紫微星，官祿宮是武曲、天相。只要『命、財、官』中沒有煞星存在，都會是非常富有的人，也會有好的職業來賺大錢。廉府坐命的人，命格中再有『陽梁昌祿』格的人，肯定有官格，因此要取有官格的名字。廉府坐命的人，特別精於外交手腕，對人際關係特別用心，因此取名也要以人緣佳為條件。

廉府坐命的人，取名可選用的字有：

寬、謙、巍、幹、業、健、雅、竟、元、璣、嗣、鈞、頌、崑、繼、群、祜、慶、覲、諭、彬、宣、瑞、崇、樹、婉、順、靖等字。

廉相坐命的人

廉貞、天相坐命的人，是廉貞囚星與天相福星同坐命宮的人，其人外表高傲、沈默、膽子小，外表忠厚老實。廉相坐命者的『命、財、官』也非常好。財帛宮是紫府，官祿宮是武曲。只要『命、財、官』沒有煞星，便會是主富之人。廉相坐命有擎羊同宮的人是『刑囚夾印』的格局，會因桃花犯行，好色。有廉貞化忌在命宮的人，會頭腦不清、多惹官非。廉相坐命的人很喜歡賺錢和做官，故取名時因以財官旺來助運為佳。

廉相坐命者，取名可選取的字有：

源、樹、權、淇、懋、壽、國、顧、碩、淦、琳、茜、崧、彬、嗣、譯、澤、烝、精、聲、祺、靄、浩、嶽、凰等字。

廉殺坐命的人

廉貞、七殺坐命的人，是廉貞囚星和七殺殺星同坐命宮的人。其人外貌為瘦型，做事有衝勁，能吃苦耐勞。其人『命、財、官』都坐在『殺、破、狼』格局之上，但只有本命中的七殺是居廟的，因此其人是蠻幹、苦幹型的人，容易有破耗、或身體不佳，運氣也不是很好。廉殺坐命的人，因為頭腦固執、不夠聰明，應變能力也不強，有自己古怪的思想念頭。因此要看命格中傷災、破耗多不多?再來取名字。有『廉殺羊』、『廉殺陀』等惡格的人，和夫妻宮、財帛宮不好的人，容易死腦筋，喜歡蠻幹，必須要取溫和又不帶血光傷災的名字。命格中有『陽梁昌祿』格的人，有官貴，可做司法官、律師、公務員等行業，要取有官貴之格的名字。一般廉殺坐命的人，性格保守，人緣不是很好，可以取略帶桃花人緣的名字，以增外緣。

廉殺坐命者，命格中有血光、破耗的人，取名可選取的字有：

齡、瑾、俊、祿、讓、菱、英、曜、瑩、詠等字。

（取名時要先看生肖、避開八字傷剋的字，以喜用神之財吉五行的重點再來選字，選字更要避開帶刀刃，皿字類的字，和愛情厄，短壽等字，後面章節中有範例。）

廉殺坐命者有官貴之人取名選字可選的有：

榕、毓、婷、麟、霖、微、鼎、琳、慧、隆、厚、輔、平、炫、璟、淇、源、權 等字。

（取名時亦重生肖及避開八字傷剋等等，要專以喜用神之五行財吉重點來選字。）

廉貪坐命的人

廉貞、貪狼坐命的人，因命宮雙星俱陷落，故是一個人緣不佳、運氣也不好的人。一般他們在智慧上也不強，易走上邪道。此命格的人只宜武職軍警業較有發展。命宮或對宮有地劫、天空的人，性懦弱、喜享受，一事無成。

廉貪坐命的人，財帛宮是紫破，官祿宮是武殺，是花錢花得多，賺錢很辛苦又賺不到很多錢的人。倘若夫妻宮不佳，或官祿宮再有擎羊星的人，更是賺錢困難，容易做非法的營生。取名時，應以人緣、機會的條件來取名。

廉貪坐命的人，命宮或對宮有陀羅星的人，是『廉貪陀』、『風流彩杖』格，好淫好酒色。在取名時，就要考量，要取沒有桃花、愛情厄的名字了，以免犯色刑財，或因色入獄。

廉貪坐命的人，財運不佳者取名可選用的字有：

烽、告、慶、群、繼、京、竟、梧、覲、駒、楷、元、兼、巍、郡、義、健、傑、皆、菊、虹、惇、霈、培、彪、懋、豐、慕、望、賓、復、炫、鵬、峰等字。

（取名時，要先看生肖，以喜用神財吉五行喜忌再來選字）

廉貪坐命者，有『廉貪陀』命格的人，取名可選用的字有：

孝、伯、逢、厚、向、炳、壁、峰、豪、福、燁、茂、保、淳、娥、嫚、美、萍、隆、寧、績、良、哲、煉、郎、靈、澤、祿、圖、泰、直、朗、全、章、從、濟等字。

廉破坐命的人

廉貞、破軍坐命的人，是性格剛強、衝動，能吃苦、破祖離鄉，白手成家的人。平常他們很陰沈、話少，但口才很好，說話較狂妄。他們是十分大膽的人，無論說話做事都很大膽，不計後果，敢往前衝。一生會橫發橫破。廉破坐命者普通都長相不好看，因為『命、財、官』都在『殺、破、狼』格局之上，所以人生是大起大落的格式。而且因為官祿宮是武貪，在事業上有無限的好運和暴發運，故其人是重事業型的人。但廉破坐命者本命是破耗多的命格，因此在取名時，要注意要選沒有血光、傷災，和破財字型的字才行。

廉破坐命的人，取名可選用的字有：

積、瑭、嶺、濟、元、樟、樹、禎、澄、治、毓、婷、羚、泰、勵、連、祖、朗、徵、霖、棟、琳、慧、鳳、保、福、燁、鵬、俟、炳、厚、圖、富、輔、彪、漢、豐、霈、璟、葵、淇、源等字。

（取名時要看生肖，並以喜用神之五行喜忌來選字）

天府坐命的人

天府坐命的人，是財庫星坐命宮的人。但要看天府星的旺度和坐命於何宮，才可定其人的一生財祿。天府坐命的人的『命、財、官』三方，財帛宮都是空宮，官祿宮是天相。表示天府坐命者都有平順的職業，以為人看守財為業。因此天府坐命者多半是薪水族的人，以做公務員為佳。此命格的人在取名時，要注意以平順、祥和、聚財、正直、才能，或具有官格的名字為主，才會一本萬利、漸積財富。

天府坐命者，取名可選用的字有：

彥、滸、儀、韻、祺、禎、源、淇、肇、昆、靄、浩、佳、嫻、葵、和、惇、樺、潤、翰、宜、穎、藝、鍾、淞、崇、瑞、寰、辰、策、嗣、歲、宣、生、椿、靜、姿、莎、笙、筑、嬋、馨、湘、淑、冠、廣、園、期、強、貴、敬、慶、駒、廉、群等字。

《紫府坐命的人，請看22頁》
《武府坐命的人，請看37頁》
《廉府坐命的人，請看48頁》

太陰坐命的人

太陰坐命的人，都是外貌文靜柔美、怕羞，內心好動性急的人。太陰居旺坐命的人，中高身材、微胖，好享受，喜歡用感情來衡量事情。太陰居旺無煞星來相剋的人，是居家多財數的人，尤以房地產的數量較多。因為太陰星為田宅主，又是財星的關係。

太陰居陷坐命的人，身材瘦，也不高，或瘦高型，人緣較不佳，幼時好哭，人際關係的敏感性不佳，本命的財少，一生較窮困。

太陰坐命的人都是『機月同梁』格的人，只要有固定的工作，最好是公職，會漸積財富。他的財是緩慢的、暗中漸漸增多的財，也是一個月發放一次的財，因此適宜領薪水，或出租房舍做房東。太陰坐命的男子，也是溫柔多情、俊美的人，有女性溫柔之態，較娘娘腔，喜歡接近女性，也易於得女性之助而成功。

太陰坐命的人取名選字時，可選一些柔美的，情感深厚的，有人緣桃花的名字。因為太陰坐命者常多愁善感，而且易為愛情所困。他們在命格中有極多的人，都會身宮落在夫妻宮，常為愛情所困。因此要注意命格中，身宮落在夫妻宮的人，是特別不能選到有愛情厄的名字，否則一生痛苦，為情所困。

太陰坐命的人，不論命中財多財少，都要選能保財、蓄財、增財的名字，有時候稍微陽剛一點，對他們也是有利的。太柔弱、輕飄的名字，命不長，也不容易守財、增財。

太陰坐命的人，在取名時可選用的字有：

廉、耕、祐、群、瑟、京、竟、慶、梧、觀、淦、烽、姿、莎、姍、室、柔、慈、昇、善、楡、馗、皃、聖、茜、仕、崧、星、津、神、宣、崇、策、樹、鍾、思、清、曾、順、淞、慎、淇、儀、鷹、欽、祺、彥、嫺、佳、厚、愛等字。

《機陰坐命的人，請看27頁》
《日月坐命的人，請看32頁》
《同陰坐命的人，請看43頁》

貪狼坐命的人

貪狼單星坐命的人，是好運星、偏財星坐命宮的人。但是要分命宮主星貪狼居旺或居平，也就是要分命宮主星的旺弱才能來看其人運程的好壞。貪狼單星坐命辰、戌宮的人，是貪狼居廟位坐命的人。其人遷移宮是武曲，只要沒有地劫、天空、化忌同宮或相照，其人一生都是好運、多金的人生。因此在取名字時，就要選取有智慧，能成就大事業，有大氣魄的名字。尤其命宮中有貪狼化權的人，會在政治界掌大權、有高地位。命宮中有貪狼化祿的人，會在財富上具有億萬之資。因此要看其人未來會在那一方面有成就，就可用主貴或主財富的名字來命名了。

貪狼單星坐命在寅、申宮的人，是居平位的，其人命格中就為夫妻宮最好，是武府。他們一生的好運不強，賺錢能力也不佳，以武職、做軍警業最好。但是他們可嫁或娶到富有多金的配偶。這種命格的人，最好就要取討喜、受人歡迎、帶有桃花的名字。不能取刑偶欠子的名字，因為他們一生的福祿就在家庭之中，所以不能傷害到家庭運。

貪狼單星坐命在子、午宮的人，是貪狼居旺坐命的人，對宮有紫微星，表示其人一生所生活的環境都是高水準、高文化、高地位的環境。這是一種主貴的、好運命格，尤以在文化界、教育界工作為佳。因此在取名時，要注意要取有官貴、秀氣、清雅、脫俗，可榮貴、隆昌的名字。

貪狼坐命辰、戌宮的人，取名字時可選用的字有：

靖、綱、耕、竟、烽、楷、慶、駒、高、義、業、健、寬、巍、元、境、麒、晃、幹、鵬、斌、厚、伯、棟、豪、燁、樹、璟、憲、碧、華、鋒、楓、鳳、佩、端、鼎、進、績、東、倫、池、朗、濟、延、昶、榕、晃、凱、奎等字。

貪狼坐命寅、申宮的人，取名可選用的字有：

榆、慈、柔、沈、昇、聰、滇、靜、笙、甄、嬋、姍、古、冠、軍、強、貴、期、獻、廣、胤、觀、瑟、廉、淦、告、梧、謹、崑、錦、浩、培、瑟、邦、航、惇、豐、夫、默、宏、賓、亨、哲、輝、杭、富、泰等字。

貪狼坐命子、午宮的人，取名可選用的字有：

瑞、國、儒、淞、萱、效、炫、輔、熙、明、杭、復、平、炳、璧、鴻、賢、福、馥、惠、娥、鳳、屏、侯、好、鳳、徵、霜、琳、齡、澤、男、俊、璉、鎮、麟、祿、連、讓、祖、圖、調、濤、禎、璋、澄、濟、潮、芷、柳、婷、羚、毓、略、朝、政、圓、猶、晏、軒、琰、英、永、友、維、耀、瑋、佑、淵、榕、容、允、湞、穎、育、輿、宥等字。

《紫貪坐命的人，請看23頁》
《武貪坐命的人，請看39頁》
《廉貪坐命的人，請看51頁》

巨門坐命的人

巨門單星坐命的人，是暗星、隔角煞坐命的人，其人一生重口舌、易招惹是非。但巨門居旺坐命的人，是口才極佳，且能運用口才得利的人，也容易靠口才吃飯，可以做教師、推銷員、仲介業、保險經紀人等工作。有巨門化權在命宮的人，更能有鼓動和說服群眾的能力，亦可做民意代表、議員、立法委員等職。命宮中有巨門化祿坐命的人，人緣較好，適宜做與大眾有關的記者、電台主持人等職（不過命格中最好有『陽梁昌祿』格才可在高文化水準的地方工作）。

巨門坐命子、午宮居廟的人，宜在商界、政治界、仲介業界發展的人，宜取財官旺或多帶『口』部，有食祿的名字。取名可選用的字有：

唯、紬、祖、祜、耕、庫、逢、晟、翼、新、城、遵、壽、輯、裕、舒、宙、商、識、羅、圖、謀、器、洛、容、韶、倍、伯、國、哲、品、明、信、石、田、白、弗、頌、楓、耀、顯、讓、熹、軍、暉、順、智等字。

巨門坐命巳、亥宮居旺的人，宜在教育界、文化界、公教人員、醫院、研究部門工作。取名可選用的字有：

喻、博、喜、鈞、竣、淵、敏、基、堅、茂、康、庸、強、真、益、洋、玲、瓏、澤、展、昂、政、后、宇、百、同、齡、耀、薰、藝、霽、蘭、金、周、卓、其、佶、尚、岡、治、男等字。

巨門坐命辰、戌宮居陷的人，會有較佳的家庭運和夫妻運，人生以家庭幸福為主。取名注重人緣桃花，可選用的字有：

浩、錦、容、玲、嫻、姣、菊、綺、鴻、喜、厚、向、相、飛、樺、福、魚、保、賢、憲、濱、訓、淳、華、眉、曼、美、惠、慧、薇、冰、錢、寧、良、志、進、植、典、蕾、呂、祿、俊、倫、泰、讓、東、鈴、全、從、勵、樂、筌、振、徹、重、達、潮、濤、媛、瑭、菱、朝、政、露、芝、妮、韻、亞、霞、雨、遠、奥、佑、筱、用等字。

※巨門居旺坐命的人，取名時宜選用字中有口之字。以利口才之利。但巨門居陷坐命的人，和有巨門化忌在命宮的人，不宜選有口舌之爭、口舌是非多的字，也不宜選字中有口字的字，以防有口舌之災。

《陽巨坐命的人，請看33頁》
《機巨坐命的人，請看28頁》
《同巨坐命的人，請看45頁》

天相坐命的人

天相單星坐命的人，都是印星坐命的人，又稱福星坐命的人，是勤勞的福星。都會有溫和、端莊、正派的外表儀態。天相居旺坐命時，其人身材中高、較胖，為人服務熱心，喜歡做和事佬，有正義感，喜調節紛爭，喜好衣著、美食。性格溫和、衝力不足。天相居陷坐命時，人矮瘦，為福不全，因命宮對宮是廉破相照，必出生在破碎家庭中或複雜環境之中，一生多災多難，境況不佳。

天相坐命的人，只要『命、財、官』沒有地劫、天空，都會有足夠生活的財力，一生有福力扶持照顧。

天相坐命的人取名時要看命宮旺弱和坐落何宮。天相坐命丑宮居廟的人，一生財力較豐裕，打拚能力較強，生活水準較高。天相坐命巳、亥宮居得地之位的人，是一生賺錢多，但是生活環境比較窮困的人。天相坐命未宮居得地之位的人，是生活環境較高，但本身賺錢沒那麼多的人。天相坐命卯、酉宮居陷位的人，是賺錢可夠生活，但生活環境始終不佳，是破破爛爛環境的人。

在人生境遇上，天相坐命丑、未宮的人，生活環境財祿上較佳，但是婚姻、家庭生活並不幸福，所以他們會把精神放在賺錢上，而且他們在工作上職位不高，故以賺錢為人生目的。而天相坐命巳、亥、卯、酉宮的人，夫妻比較和樂、親密，家庭較幸福，在工作上也穩定，是故他們會較重家庭。

由於人生目的的不同，在取名選字上的條件也不同了。

天相坐命丑、未宮的人取名選字可選的字有：

瑋、琰、秀、曜、英、誕、永、政、運、達、樹、朝、潮、爐、丹、宓、柳、治、妮、梨、鶯、娜、略、調、璋、禎、達、嫚、濟、洲、爵、兩、振、重、帝、傳、日、念、將、正、芙、綿、波、奮、輝、亨、範、銘、炫、彪、微、傳、甫、興、漢、培、宏、公、傑、坤、癸、業等字。

天相坐命巳、亥、卯、酉宮的人，取名選字可選：

家、琨、義、雅、健、慕、楷、淦、烽、竟、耕、淑、湘、馨、真、廣、堅、期、強、貴、敬、莎、秋、彩、釗、渝、敘、珠、素、春、茜、崧、星、深、嗣、宣、尊、辰、崇、順、相、策、賜、思等字。

天梁坐命的人

天梁坐命的人，是蔭星坐命的人。天梁在子、午宮居廟坐命時，是真正得蔭星（神明）庇佑的人。其人身材高壯，臨事果決，有機謀、善舌辯，相貌威嚴、厚重、固執、霸道，孤高且自負，喜歡管別人家的事，但自己家中之事不愛管。喜歡照顧別人，正義感重，樂於助人，正直無私，有名士風度，也是貴人運特強的人。

天梁居陷坐命的人，則身矮瘦，溫和，無衝勁，性猶疑，不喜歡別人管，也受不到別人的幫助照顧，是沒有貴人運的人。

天梁單星坐命時有三種狀況：

天梁在子、午宮居廟坐命時，對宮有太陽相照，極容易形成『陽梁昌祿』格，這是主貴的格局，也主有大財祿，是因貴致富的格局，此命格的人在取名時，就要以官貴為主的條件來取名字，而且要選財祿也旺盛的字，才是最佳的選擇。取名可選用的字有：

儒、紹、淞、任、愉、震、靖、齋、萱、精、嗣、阡、聖、諭、強、堅、耕、頌、鈞、鏡、國、琨、健、肇、源、權、淇、彥、祺、欽、璟、培、彪、鵬、鴻、憲、鳳、鼎、琳、麟、瑾、淋、濟、毓、羚、耀、蔚、譽、詠、瑩、囿等字。

天梁在丑、未宮居旺坐命的人，因對宮有天機陷落相照，一生所遇到的環境不佳，完全是靠自食其力，自身穩健的智慧，一步一步的慢慢往上爬，才會成功。此命格的人若命格中有『陽梁昌祿』格的人，會生活層次高一些。若命格中只有『機月同梁』格的人，就只是一般薪水族的命格了。在取名選字方面，以生活平順為主，也以事業有發展為主。取名可選用的字有：

曜、游、榮、祥、雍、翁、賜、伊、蔚、陽、余、威、延、翁、由、昶、燕、瑛、苑、遠、養、音、雨、永、友、有、陰、猶、芷、玲、定、澤、植、典、祿、俊、鎮、圖、帝、泰、連、徽、楓、豪、保、燁、賢、碧、淳、弘、培等字。

天梁在巳、亥宮居陷坐命的人，因遷移宮是天同，一生喜歡平順享福、愛玩、奔波的日子，工作也以固定的薪水工作為主，故取名字以溫柔祥和、清貴、少災、無血光的字為主。取名可選用的字有：

航、惇、文、霈、學、凡、嶽、好、靄、鵑、綺、菊、佳、潔、虹、姣、嫻、浩、昆、官、昂、絡、求、建、岡、儀、廉、繼、梧、告、春、茜、車、村、津、深、椿、水、悅、寰、辰、瑞、超、寶、策、慧、惠、信、慎、倩、姍、秋等字。

《陽梁坐命的人，請看31頁》
《機梁坐命的人，請看29頁》
《同梁坐命的人，請看46頁》

七殺坐命的人

七殺坐命的人，本命是屬火化之金主命的人，也是殺星坐命的人，專司權柄。七殺坐命的人也是強勢命格的人，好動不耐靜，喜歡獨當一面，做事辛苦努力、奔波、速戰速決，性格倔強，不肯認輸。他們在外貌上有眼睛大、有權威的特徵，喜好冒險，又勇於承擔責任，有吃苦、不怕辛勞、堅忍不拔的精神。是聰明又有魄力的人。七殺坐命的人都很會賺錢，只要財帛宮和福德宮沒有化忌和劫空，一般都有賺錢的好運。在工作上也能有發揮。

七殺坐命的人，幼年身體不佳，成年後，容易有外傷，因此在取名時要注意血光傷災的問題，要選不帶有刀刃、血光的字來取名，才不會對其人有傷剋。可選用的字有：

炳、傑、寬、琳、權、源、肇、欽、彥、璟、楷、瓊、和、行、彪、弘、民、興、倍、戲、奮、望、亨、輝、銘、炫、復、賓、福、華、惠、娥、泊、雲、蘋、幸、佩、端、棟、錢、徵、正、哲、志、進、定、澤、直、鈴、讓、倫、泰、傳、振、彰、重、鯉、湞、智、律、達、潮、梁、澄、臺、樟、積、瑭等字。

《紫殺坐命的人，請看25頁》
《武殺坐命的人，請看40頁》
《廉殺坐命的人，請看50頁》

破軍坐命的人

破軍坐命的人，為耗星坐命的人。破軍又為管理夫妻、子女、奴僕之宿。破軍單星坐命的人，皆有身材不高，腰或肩背厚，比較粗壯的身材。其人性格反覆不定、教人難以捉摸，但幹勁十足，好勝心強、敢愛敢恨、懷疑心重，人生中有多次轉變，常有開創格局，也喜歡創業，是破祖離鄉、不靠祖業的人，在成功之前須付出很多的勞力、心力才會成功。做事是屬於先破後成的狀況。破軍坐命的人，都是強勢命格的人，主見很強很深，不喜歡受制於人。對金錢不會理財，手頭寬、破耗多，賺錢又十分辛苦，只有在事業上努力打拚，才會有好的財運。其人一生較重物質享受。破軍坐命的人，在取名時主要要看其人的命格是否是主窮困的命格？倘若命宮和對宮有文昌、文曲相照的人，就是一生主窮困、水厄，但有美麗高尚外貌的人。這種人也是命格以主貴為主的命格。在取名時只要取高貴、有文化氣質，無水厄傷災的名字就合乎命格需要了。縱使取了財多的名字，也是無濟於事，沒有一點幫助的。因此只要有人緣、有機會，主貴的名字即可。

一般破軍坐命的人，要取具有奮鬥能力，有官貴、財旺的名字，或是具有聰敏能幹而平順的名字，都會讓其人在事業上有發展，增加財運。可選用的字有：

調、潮、禎、濤、嶺、積、兩、丙、徹、樂、桐、磯、典、植、澤、銅、俊、祿、璉、鎮、國、燁、福、豪、賢、訓、憲、碧、鋒、淳、榜、玉、好、豐、關、官、傑、境、元、公、巍、晃、義、翼、碩、盛、新、城、遵、熾、震、精等字。

破軍坐命的人，命宮或遷移宮中有文昌、文曲，形成水厄，貧困格局的人，取名宜選用的字有：

思、相、若、清、尚、超、淞、任、洲、筌、湞、菱、露、鳶、朝、媛、婷、蔭、韻、溫、鶯、琰、秀、英、音、永、妤、維、園、雨、養、筱、奧、瑋、育、唯、寅、祥、宥、愛、婉、榮、容、詠、艷、延、櫻、瑛、蓉、芷、君等字。

《紫破坐命的人，請看25頁》
《武破坐命的人，請看41頁》
《廉破坐命的人，請看53頁》

祿存坐命的人

祿存坐命的人，就是祿星坐命的人。祿存是司貴爵、掌壽基之宿。但一般祿存單星坐命時，都歸於空宮坐命，要看對宮相照的星為何，才能決定祿存所代表的財祿格局有多大。更要看命盤中的整體結構是主貴或主財的？人生的運程為何？以及是否有其他貴格或『陽梁昌祿』等格局，才能定出命格的形態，再來考慮取名的問題。

祿存坐命的人，外貌都是忠厚老實，身材中等、瘦長型，為人小氣吝嗇，是慳吝之人。因為祿存是『小氣財神』的原故。他們在性格上內斂、保守、頑固、膽小，因為有『羊陀相夾』，性格上有自閉的傾向、話少、不合群，也不會向他人訴說或溝通。他們唯有對賺錢有興趣，終日忙碌，辛苦的去打拚求財。一生就在求財、存錢中過日子。祿存坐命者的錢，是足夠自己生活的財，長期積蓄也會富有，但生性節儉，不捨得花用，是一個守財奴型的人。

他們在幼年的時候，家中都有問題，或過繼給人當養子，或為別人養大，因此他們為了維護自己生存的利益，也就對錢財特別愛惜和自私了。祿存坐命的人，外緣關係都不好，因此在取名選字時，最好選桃花外緣較濃厚的字，這樣在外緣運氣和機會上就比較有開展，賺錢的機會會較多，人也不會太固步自封而太封閉了。

另一方面，祿存坐命的人，很害怕別人的欺負，他們是溫和內向的人，有痛苦也不會抗議或表達。因此在選字取名時，特別要注意要選有氣魄、堂堂正正、體面的名字。不要再選懦弱、畏縮、太溫和、或有諧音引起別人議論的名字，否則他們就更容易躲進自己的堡壘中而自我封閉了。

祿存坐命的人，取名可選用的字有：

麒、元、晃、國、幹、謙、雅、義、家、堯、業、健、魁、源、鷹、虎、介、楷、綺、錦、皎、玉、本、惇、文、靜、培、鴻、李、喜、法、逢、斌、正、徽、梧、立、細、履、錕、璁、璟、璞、璧、瑽、璦、璇、童、靖、竣、羅、董、經、嶽、榮、幹、慧、琳、績、哲、志、將、煉、錢、霖、景、育、燦等字。

文昌坐命的人

文昌坐命的人，是文魁、文貴之星坐命的人。坐命於巳、酉、丑、申、子、辰等旺宮的人，其人有中高的身材，先瘦後胖，眉目清秀，舉止文雅。坐命於寅、午、戌宮居陷的人，是身材矮，舉止粗俗，不夠文雅的人。文昌單星坐命時，最多的是坐命申宮的人，此時要看對宮（遷移宮）相照過來的星是什麼星，才能看出此人真正的性情和一生的運程好壞。

通常文昌坐命或文曲坐命的人，都是出生在農曆九月份（戌月）的人。文昌屬金，戌月也屬金，八字中一定多甲木或支成木局，才會形成文昌坐命的人。有庚劈甲，才會成為有用之人（有成就之人）。因此文昌坐命者再有『陽梁昌祿』格的人主貴，也會是財官並美的命格。此種命格的人在取名用字時，特別要注意要選用有官格旺的字，就能並增其人的成就，而成為學識淵博的學者，或高官貴胄。

另一種文昌、文曲雙星同坐丑宮或未宮的命格，是長相美麗，又具有才華和口才的人，像唐朝的楊貴妃就是昌曲坐命，有日月相照的人。倘若昌曲坐命在未宮，有同巨相照的命格，就是『明珠出海』格的貴格，有官貴。此命格的人有完整的『陽梁昌祿』格，此命格的人在古代是能因金榜題名而成為駙馬的人的命格。在現代此命格的人也能金榜題名而攀附上層社會成為名流之輩。

其實除了有『明珠出海』格的人，只要昌曲一同坐命丑、未宮的人，都會形成正常的或折射型的『陽梁昌祿』格，也大都會有大學以上的學歷。既然如此，這些人在取名選字時，也都可取有官貴，和有美麗溫柔方面意義的名字了。

文昌坐命的人，取名可選的字有：

鼎、棟、霖、琅、績、琳、澤、璉、麟、祖、倫、爵、淋、濟、毓、運、維、寅、囿、蔚、譽、暘、詠、誕、憲、鋒、丙、浩、鈞、崧、彬、嗣、齋、靖、震、紹等字。

昌曲坐命的人，取名可選取的字有：

儒、仁、淞、瑞、寰、尚、順、相、樹、萱、宗、莊、烝、精、椿、祥、壽、碩、城、遵、世、晟、宙、佐、熾、舒、裕、松、深、室、璇、昇、滋、珊、翠、滇、靜、姿、渝、真、馨、湘、敬、貴、禎、梧、慶、駒、謹、乾、堯、傑、元、肇、源、靄、虹、豐、和、培、好、民、合、平、望、復、銘、炫、富、厚、法、炳等字。

文曲坐命的人

文曲坐命的人，就是文華之星坐命的人。文曲主異途功名，也主『桃花滾浪』格。文曲坐命的人，有中矮身材，臉上會有痣，先瘦後壯。命坐巳、酉、丑、申、子、辰宮皆為旺位。命坐午、戌二宮為陷位。

文曲單星坐命的人，出現最多的是命坐酉宮，對宮有機巨相照的人。文曲主口才、才藝（歌舞、口技等）。因此文曲單星居旺坐命的人，口才都非常好，會唱歌、跳舞，桃花緣份很強，也容易為桃花破財、破耗。文曲居陷坐命的人，口才就很差，話少，也會因口舌而產生是非，其人的才藝也很差了。

文曲坐命的人，是時系星坐命，心情都不穩定、善變，是聰明、能幹、敏銳的人。

文曲坐命的人通常都有桃花破耗，桃花糾纏的情形，外表風流，不夠正派，沒有儒者風範。因此在取名時要避開有愛情厄、桃花劫的字。有『陽梁昌祿』格的人，要取有官貴的名字。文曲坐命的人的財祿通常是普通的格局，取財祿多的名字，反而會招致桃花破耗大，影響人生成功和名譽，因此財祿多的名字對文曲坐命者不一定是好的。

文曲坐命者取名可選用的字有：

炳、逢、厚、喜、伯、孝、法、壁、鴻、謙、琨、業、家、義、瑾、嚴、堯、鏡、高、谷、乾、顧、頌、鈞、廉、秉、覲、梧、禎、耕、真、廣、冠、敬、姿、渝、甄、慈、沈、昇、聰、松、津、深、彬、碩、晟等字。

天魁坐命的人

天魁坐命的人，是天乙貴人坐命宮的人。白天生的人主貴。此命格為空宮坐命的人，要看對宮（遷移宮）中是什麼星來相照，才能定出心性和一生運程。

天魁坐命的人，是身材中等略矮瘦，小圓臉，口快心直，會講真話，不會隱瞞，容易得罪人，喜歡管閒事，外表威嚴，分析能力強，說話有份量的人。天魁坐命較多出現的，是坐命丑、未宮，有武貪相照的命格。其人有剛直衝動的個性，因遷移宮就是『武貪』格，因此在外有暴發旺運、兼具偏財運的特殊機緣。天魁坐命的人，本命中就有貴人運，自己也喜歡成為別人的貴人，幫助別人，心地善良。因此天魁坐命者的命格以主貴為主。在取名選字時要選有官貴的名字，和有剛直色彩的名字，以符合人如其名的條件。可選取的字有：

綱、新、城、裕、熾、心、仙、尊、震、宗、俊、敦、精、胤、圜、貴、義、軍、期、湘、繼、覲、駒、劍、謙、滸、鷹、浩、峰、侯、燁、凰、敏、端、志、郎、績、徵、展、婷、佑等字。

天鉞坐命的人

天鉞坐命的人，是玉堂貴人坐命宮的人。夜生人主貴。其人身材略矮瘦，心性慈善、慢性子，桃花強。臉小，下巴較短。

天鉞坐命者都是長相美麗，氣質不錯，惹人疼愛的人。他們也很會撒嬌，愛打扮，喜歡表現、出風頭。也喜歡幫助別人，是人緣好，清高，不喜惹麻煩，性情溫和，愛逃避的人。

天鉞坐命也是空宮坐命，要看對宮（遷移宮）中有那些星，再來定出其人心性和一生運程。天鉞坐命者出現比較多的是坐命丑、未宮有同巨相照，或坐命丑、未宮有日月相照的人。後者比較美麗，心情多起伏，情緒不穩定。有同巨相照的人，一生多是非，成就不高。

天鉞坐命者，因為是貴人星坐命，長相不錯，又愛漂亮、時髦，喜歡享福、享受，成就都不會很高。因此只要取漂亮、美麗、享福的名字就可以了。他們天生桃花慾望較深，不怕桃花和愛情厄，喜歡在多變的愛情中尋找刺激和享受，因此要取溫和、可愛、美貌的名字對他們才有實質的利益。

天鉞坐命者取名可選取的字有：

筱、鉞、伊、苡、育、寅、怡、愛、瑩、玲、洋、逸、暘、余、蔚、詠、袒、嬿、菀、艷、櫻、婉、瑛、維、延、燕、珊、宥、亞、容、偉、淵、瑋、遠、央、用、軒、秀、英、音、雨、妤、友、永、有、妮、蘭、鳶、黛、朝、媛、鶯、溫、芷、柳、婷、鷺、羚、裳、婉、丹、娜、禎、樟、嶺、潮、智、洲、律、振、筌、徹、重、全、倫、瑾、俊、男、定、澤、祿、展等字。

左輔坐命的人

左輔坐命的人，是帝座輔星坐命的人。左輔指的是平輩的男性貴人。左輔坐命者，有中等略瘦身材，長臉，為人聰明，有謀略，機警、忠厚、耿直、穩重、隨和、器量大、人緣佳。他們在幼年多半為別人帶大，與父母親的緣份不算很深。

左輔坐命的人，也是空宮坐命，必須看對宮（遷移宮）中有那些星，才能定出其人心性和一生運程、成就。

左輔坐命者也有事業非常有成就的人，例如台塑集團的老闆王永慶先生和李遠哲先生等，他們分別是左輔坐命卯宮和酉宮，對宮都有機巨相照命格的人。因此左輔坐命以此命格為最有出息的人。

左輔坐命者要看命格中有沒有官貴之格，有官貴之格的人，則要選取有官貴、官旺之格的字來命名，才會有發展。命格中沒有官貴之格的人，就要選取容易平順、成功、隆昌、榮達的字來取名，這樣才是真正有利於其人增運致祥的取名方法。

左輔坐命者有官貴格局之人取名可選的字有：

鼎、績、哲、琳、正、徵、霖、嫚、憲、鋒、鵬、鴻、炳、丙、民、嶽、惇、環、源、權、肇、懋、晃、業、麒、元、慶、耕、聖、崧、嗣、宣、震、精、瑞、愉、任、儒、祺等字。

一般左輔坐命者可選取成功、隆昌的字有：

建、彥、魁、昂、求、絡、儀、欽、惠、美、霏、屏、薇、芙、敏、蔓、棉、妃、蘋、幸、佩、鳳、寶、雲、端、隆、志、楝、進、憲、圖、楠、讓、泰、鍊、徹、樂、陵、桐、智、彰、至、濟、達、禎、嶺、澄、梁、調、濤、島、娜、烈、毓、詹、爐、治、菱、蘭、媛、朝、政、運、溫等字。

右弼坐命的人

右弼坐命的人，也是帝座輔星坐命宮的人。其人有中等略矮瘦身材，有的人為瘦高，小圓長型臉上有痣或斑痕，精於文墨。性情表面溫和，內心專制、剛強，但異性緣很好，是一個有野心，好濟施，只會幫助為他所認同的自己人。右弼坐命者，命中帶桃花，具有女性平輩貴人緣。從小也多半是為別人帶大，或與父母緣份較淺的人。一生容易有愛情困擾，容易多妻，或有多角戀愛發生。凡是有左輔、右弼主命的人，都有雙妻命，女子也容易有外遇。

右弼坐命的人，也是空宮坐命的人，要看遷移宮中是那些星，才能定其心性和一生運程格局。

右弼坐命出現最多的是坐命申宮的人，這種命格的人又要分成三種，一種是有機陰相照的命格，這是長相十分美麗，性格善變，十分情緒化，桃花問題嚴重、感情不順利的人。一種是有同梁相照的命格，會外表溫和、人緣好，容易從事服務業，喜歡管別人家閒事，正義感強的人。另一種是有陽巨相照命宮的人，是性情開朗，愛說話，口舌是非多，適宜做仲介業的人。

右弼坐命者共同的特點，都是熱心、雞婆、有同情心、講義氣，一生成就不會很大，只為平常人，外表樣子膽小、害羞，有孩子氣，喜歡幻想，桃花重，要注意婚姻問題。因此在取名選字時特別要注意少選有愛情厄、身弱、短壽之字。要選符合性格，又能隆昌發達之字。

右弼坐命者取名可選用的字有：

朝、鳶、猶、芝、永、軒、琰、維、園、誕、慰、奧、遠、伊、宥、用、以、養、容、兆、宛、苡、育、羊、勇、怡、愛、壹、陽、余、威、曜、雍、譽、瑩、寅、菀、翁、延、婉、由、燕、詠、瑚、嫵、壁、鴻、舞、厚、向、伯、媽、孝、明、亨、輔、富、寅、銘、範、炫、木、漫、復、享、默、倍、宏、百、勳、弘、甫、葵、錦、浩、幹、業、堯等字。

擎羊坐命的人

擎羊坐命的人，是屬於羊刃坐命的人，也是刑星坐命的人。其人有羊字型的臉、臉長、下巴尖，命宮居旺的人有中高身材、較胖壯。命宮居陷的人，矮小瘦弱，臉上傷殘、破相、或麻臉很明顯，命宮居旺居廟的人，臉上較平滑，破相不明顯。

擎羊坐命的人，命宮居旺者，性剛強果決，有權謀機智。命宮居陷者，性奸滑不仁，剛暴、孤單，常因怨成仇，與家人疏遠。

擎羊坐命者都是有霸道、不講理，有理說不清，愛與別人計較，易衝動、固執、敏感、感情用事、乾脆、愛報負人的性格。他們在身體上容易多外傷。在出生之時，也多是母親有血光之災，開刀生產的，或母親有生產困難，血崩現象的狀況。因此擎羊坐命的人，實際上就是命中帶血光之人。

擎羊坐命的人，也屬空宮坐命的人，要看對宮（遷移宮）中有那些星，才能定出其人心性的特徵和一生運程的格局。

擎羊居旺坐命出現最多的是坐命在丑、未、辰、戌宮的人。坐命在此四宮，擎羊是居廟位的。其中以擎羊坐命丑、未宮，有武貪相照的人，是運氣最好，成就也較高的人，其人性格剛直，以武職最佳，一生有多次暴發機會，命運算是極佳的了。

擎羊在子、午、卯、酉宮都是居陷位不佳的，但是擎羊坐命午宮，而在子宮有同陰相照的人，是『馬頭帶箭』格，可做封疆大吏，或威鎮邊疆的主帥，是較有成就的人。其他擎羊居陷的命格皆無法成氣候。尤其擎羊居卯、酉宮獨坐命宮，有紫貪相照的人，易犯淫禍。擎羊獨坐卯、酉宮，有機巨相照的人，易有是非災禍，為宵小邪佞之人。

擎羊坐命居旺的人，或有『馬頭帶箭』格的人，才能化煞為權，命格高的人，可做軍警武官、司法官、外科醫師、救難隊、執法人員。

此命格的人，取名可選取智勇雙全，英氣命格，英雄勃發，有官貴、財旺的字來取名。要少用帶血光、刀傷、短壽之字，以減少其人的血光之災和不吉傷剋及災厄。可選用的字有：

巍、晃、傑、僥、權、懋、肇、元、魁、欽、菊、綺、佳、浩、邦、嶽、榜、玉、彪、漢、微、宏、炎、效、輝、賓、奮、虎、獻、斌、法、逢、達、隆、琅、哲、績、練、徽、棟、志、連、勵、直、全、東、讓、湞、律、洲、徹、潮、濤、烈、治、威、譽、昶、覯、綱、慎、崇等字。

擎羊居陷坐命，命格中沒有突出成就的一般人，要小心帶有刀厄、刑傷的字，其人因運程中少有平順，容易落人低下貧賤、邪佞的路途，因此取名時以能增人生運途的平順祥和為主，且要避開刀光血影之字，以防對生命造成刑剋，命不長矣！

擎羊居陷坐命，無法有特殊成就的一般人取名可選：

思、和、辰、清、相、若、財、水、守、神、生、仙、悅、椿、興、如、世、城、心、裕、商、春、茜、車、彬、倩、珊、笙、莎、青、彩、渝、啟、堅、湘、淑、梧、淦、坤、國、喆、昆、欽、岡、藝、果、紅、錦、銀、月、佳、姣、文、邦、學、凡、微、明、平、虎、孝、柯、河、福、霸、茂、保、賢、眉、碧、美、幸、佩、隆、端、進、良、哲等字。

陀羅坐命的人

陀羅坐命的人，本命屬金，是忌星坐命的人，一生中多是非和奔波，是波折很大的人生。心境也不容易清靜，一定要離鄉背井，離開原出生地，到外地發展才能略有成就。此命格是大器晚成的人。性格頑固，容易犯小人，又不服輸，精神上會有長期的折磨。其人很容易相信剛認識的人，對於自家親人的勸戒反倒不肯相信，在性格上有些古怪。

陀羅入命宮的人，容易身體有外傷，牙齒有傷或壞牙的狀況，感情波折大，容易被人嫌來嫌去。在財祿上會有拖延、遲緩、不順的情形。其人喜歡暗中做一些事情，也常固執得自以為是，只是別人不瞭解自己的心而自怨自艾。

陀羅坐命也是空宮坐命，須看對宮（遷移宮）中是那些星而定其心性和一生運程的格局。陀羅坐命比較運好的人，是坐命丑、未宮有武貪相照的命格，在外有多次暴發運，可改變一生的境遇。陀羅坐命者最適宜做軍警武職，會有大發展，其他就要做與金屬相關的行業，或屬金的行業會較佳。陀羅坐命的人在取名選字時，有官貴格局的人，就要選官運旺的字來取名，一般陀羅坐命者皆為技術格，有專業技能，因此取名選字亦可選有技術的字，或智勇雙全的字，要避開有血光、刀傷、車禍傷災的字，以保平安祥和。

陀羅坐命者，取名可選用的字有：

哲、念、志、屏、花、霏、美、寶、妃、蘋、敏、郎、煉、良、積、傳、陵、至、來、力、井、島、潮、鶯、芝、佑、延、英、由、偉、為、有、維、亞、鵬、懋、斌、飛、輝、望、虎、波、號、興、漢、慕、弘、霈、晃、巍、坤、傑、剛、克、鋼、篤、竟、梧、覺、觀、深、車、丞、裕、順、清、思、任等字。

火星坐命的人

火星單星坐命的人，是大殺神坐命的人。火星在寅、午、戌宮居廟坐命時，其人有中等身材、壯碩、面黑紅、皮膚有古銅健康的色彩，毛髮亦帶紅色。火星在卯、亥、未、巳、酉、丑等宮居平陷之位時，其人有中等或略矮的身材，較瘦，亦可能有麻面、傷殘之狀。火星坐命的人，性格是急躁不安定的，果斷剛強，速度很強，做事求快，會有頭無尾，喜歡爭強鬥狠，喜愛辯論（好辯），一生是奔波不安的狀況。

火星坐命也屬於空宮坐命，要看對宮（遷移宮）是那些星再定出其人心性和一生運氣和格局。火星坐命未宮，對宮有日月相照的人，是人長得漂亮，大致運程還不算差的人，但是性格善變，情緒起伏大，耐力不足，以致事業上也會有起伏不順的情形。

火星坐命的人，特別要以喜用神的用藥斟酌來取名字。日主為木火，命局中火不旺水太多的人，就要取五行帶火的名字。生在巳、午月，命局中火太多而欠水的人，就要取能夠五行中和的名字，這樣才能相助運程的順利，也可保身體的康健平安。火星坐命的人要多注意火災、車禍等傷災，也要小心留意上火之症、青春痘、皮膚病造成的麻臉狀況。麻臉有礙官運、事業運，是不吉的。

火星坐命者，命局中用神需用木火助旺的人，取名可用的字有：

敦、陸、陵、靜、霖、積、熾、諦、勵、競、精、菱、連、誥、閣、圖、峻、得、梁、真、展、家、格、婷、泰、昭、圃、至、年、志、岐、均、土、子、妮、代、木、及、偕、健、禎、桃、晉、洛、桂、竟、烈、島、堅、康、涂、規、苔、振、挺、集、鈞、童、淡、筑、荐、貴、娟、程、路、資、照、塘、鈿、廉、準、增、德、徹、徽、震、寬、廣、節、樟、樂、萩、識、證、遵、蕾、繼、競、齡、羅、鐵、蘭、藻、觀、籬、濟等字。

火星坐命者，生於巳、午月，喜用神欠水之人，取名可選用的字有：

豐、豪、竇、興、賢、標、皇、霈、蜜、華、福、輝、普、惠、賀、貿、海、茂、敏、賀、紋、峰、晃、美、勉、法、柄、候、明、百、伯、妃、北、荷、碧、漢、彌、蒲、歡、凡、靄、鑾、釁、徽、部、賦、磐、樊、銘等字。

鈴星坐命的人

鈴星單星坐命的人，是大殺將坐命的人。它和火星一樣，生於申、酉、戌、亥年和出生地在中國西北方，以及命宮坐於申、酉、戌、亥宮的人，皆不利。

生於巳、午、未年和出生地在中國東南方，以及命宮坐於寅、巳、午、未宮的人，命格較佳，主伶俐，有急智。

鈴星坐命的人，也是空宮坐命的人，要看對宮（遷移宮）中有那些星，才可定出其人的心性和一生運程的格局。

鈴星坐命的人，西北生人主矮瘦，東南生人主瘦高（體型中等），其人有青黃面色或偏白，面型古怪，下頦骨較有菱角，是性急而孤僻的人。此命格的人宜重拜父母，再認乾爹、乾媽為佳。命宮居陷的人，會有傷剋和麻面現象（臉上青春痘所造成之凹洞）。

鈴星單星坐命的人，都是膽大出眾的人，性格激烈但陰沈、內向，特別聰明、反應快、頭腦特別好、心胸狹窄、愛表現、好大喜功、又不安現實、有機智、果斷的氣魄，但不耐久。

鈴星坐命的人，大都有偏財運，財來得快也去得快。其人的思想、行為模式也與常人不一樣，做了事又常後悔。一生好爭鬥，也是奔波勞碌的人。

鈴星坐命者要小心燙傷、發炎、車禍、傷災等事件。也要小心頭部的毛病和虛火之症，以及青春痘皮膚病等問題。

鈴星坐命者在取名選字時，可選取特別聰明幹練的，或是有偏財、偏運的字，也要注意車禍、傷災、血光的預防，這樣才能增運。

鈴星坐命者，在取名選字時，可選取的字有：

教、督、農、稚、族、章、略、振、彤、苔、琳、當、度、廉、定、瑾、莊、鈿、鉅、靖、路、蘭、靈、龍、鷺、衢、麗、繼、藉、蕾、藍、羅、蕊、熾、識、廬、寧、戴、臨、瞳、澤、璟、總、陶、錦、鍛、蓼、黛、檢、燐、陸、蓁、稷、徵、德、儒、瑯、箴、緻、諒、談、諄、蝶、履、瑱、進、踐、嬌、精、綺、肇、聚、誌、菱、嘉、競、對、綽、韶、傳、智、潔、筑、絡、能、貴、郎、珍、津、竟、芝、軍、哲、姿、姬、柳、泰、佳、金、宗、官、枝、亮、卓、良、竺、同、年、至、廷、丹等字。

（鈴星坐命的人取名選字仍要以八字喜用神的宜忌為重來選字。並不納音五行屬火的字皆為可用，要選用五行得利的字才行。命中需水的人可參考火星坐命的部份，命中需水的人來選字。）

地劫坐命的人

地劫單星坐命的人，是劫殺之神坐命宮的人。其人有『申』字型臉型，額頭窄，下額短小。有吉星在對宮相照的人，為矮胖體型的人。有凶星或居陷星曜在對宮相照的人，是枯瘦體型的人。地劫坐命的人，性格上容易喜怒無常，一生飄泊勞碌、心性不穩定、好幻想、喜歡標新立異、不合群、多是非，對金錢沒有概念，常揮霍，而入不敷出，只對自己大方，對別人較吝嗇。

地劫坐命者，常有被劫財、劫運的現象，好事多磨，或是好事容易成空。因此在財運上留不住，又愛享福、享受。做事常不守常規，也不喜被管束，適合作思想性、幻想性、創造性的工作。不適合做實際執行的工作。其人也容易對邪佞的人、事、物認同，這也是喜歡標新立異，不喜守常規的性格所致。

地劫坐命出現較多的，是坐命巳、亥宮，有地劫、天空同宮坐命，對宮有廉貪相照的命格。此命格的人更是不務實際，做事疏狂、有頑劣的性格，人緣又不佳。一生運氣也不好，若是丙年或癸年生的人，有廉貞化忌或貪狼化忌在對宮相照，更是頭腦不清只為無賴之人。有『羊陀夾忌』惡格者，大運及流年運逢到巳、亥年便有早夭的問題。

凡劫空坐命者就有『命裡逢劫』、『半天折翅』的命格，一生如浪裡行船、驚險無比。並且多破財、刑傷，凡事開拓都極為困難。有此命格的人，在取名用字時，其實可針對他們的才華、聰明來取名，反倒不必太拘限很多禁忌了。只要是有奮發、肯上進，能促進才智上、事業上隆昌的字都可以用。因為本命中破耗就很大、劫財的問題無法改善。至於傷亡的問題，可精算流年、流月加以預防。

地劫坐命的人，取名選字可選取的有：

傑、琨、巍、元、公、家、業、坤、健、雅、幹、介、魁、昂、彥、懋、欽、祺、瓊、錦、佳、娟、行、和、凡、軒、本、嶽、廷、惇、勳、弘、豐、夫、彪、興、甫、倍、炎、宏、輝、銘、富、熙、鵬、飛、鴻、孝、逢、華、豪、憲、燁、福、茂、美、花、芬、冰、梅、香、曼、萍、佩、實、良、錢、哲、志、念、進、植、典、靈、男、澤、鎮、俊、利、漆、瑾、麟、能、定、楠、帝、淡、祖、禎、鈴、適、連、徹、潮、濤、台、媛、詹、爐、毓、烈、治、娜、蓮、蝶、婷、政、露、蔭、晏、圓、音、琰等字。

（地劫坐命者，需以八字喜用神的宜忌來選字較符合吉祥、順利）

天空坐命的人

天空單星坐命的人，是上天空亡之神入命的人。其人身材中等、身體薄弱、看似文弱、身體多不佳、瘦型。其人富有幻想力、有特殊靈感、頭腦聰明、不流於俗套，為人清高，對金錢沒有概念。

天空坐命的人，一生常是財空、運也空的狀況，因此他們大多都凡事看得開，不與計較。天空坐命，有『羊陀夾忌』在命宮的人，早夭，是『半空折翅』的命格。一般天空坐命者也不長壽。

天空坐命酉宮，有陽梁相照的人，是貴格，為『萬里無雲』格。國父孫中山先生就是此等命格的人。有博愛、犧牲、奉獻的大愛思想，能為聖賢之人。

天空坐命的人，在命程和運程上，都有一個特性，那就是『逢吉不吉，逢煞不惡』。一般他們也性格溫和，超塵脫俗，因此在取名選字時，可選有靈性、美麗、出眾的字，反而不必太在乎災禍、不順的問題。因為有逢煞不惡，其本命也能使傷剋成空，而化吉的轉變本領之故。

天空坐命者，取名可選用的字有：

逸、靈、音、韻、芝、妤、軒、藍、漁、秀、活、伊、肴、宥、酉、幽、悠、奧、筱、宇、宙、央、亞、容、允、禎、幼、野、兆、印、寅、若、維、育、羊、怡、勇、愛、蔚、游、仙、余、壹、譽、洋、演、婉、延、詠、苑、禹、蘋、幸、紅、雲、靄、敏、霞、妙、慧、娥、杏、美、歡、芬、花、馥、薇、夢、霏、非、瑟、芙、香、盈、佛、賢、牡、丹、碧、坡、飛、凡、喜、望、波、艷、發、夫、民、炎、介、月、菊、銀、潔、姣、葵、卿、娟、虹、江、祜、恭、古、啟、淑、湘、姿、青、繡、秋、彩、紗、釵、珠、嬋、姍、倩、素、釧、柔、善、榆、璇、嬙、滋、聰、滋、聰、兒、羨、春、茜、松、村、星、深、盛、佐、熾、舒、袖、守、先、才、石、萱、再、詩、專、莊、宗、楚、韶、超、任、思等字。

（天空坐命的人，最好還是要以喜用神的要用來取名選字為吉。）

第二章　由命理格局中之人生成就、事業的取向來取名字

一般人在出生以後，有了生辰八字，便可以演算命盤，瞭解到其人的人生格局的演變，和人生成就的最高境界，以及事業會發展的方向了。

生辰八字中包含了這麼多的人生資料，是很多人都嘆為觀止的，但也不得不佩服這個神奇的預知力量。因為事實上，人真的是跟著命運無形的繩索的牽引，在一步一步向前邁進的。

在命理學中，有關人生成就可達到的成功境界，在命理格局中，會有一定格式，也就是說命理格局會有一定的組成結構。在分門別類的規劃之後，可將人生組成的架構大致分成一、『陽梁昌祿』格型態的。二、『殺破狼

』格局型態的。三、『機月同梁』格型態的。四、『暴發運』格型態的。當然，也會有一些人是人生格局形成兩個或三個格局混合而成的格局型態。所以這種具有混合格局所組成的人生型態，就會像概率倍增一般的繁複了起來。自然這種同一個人具有多種格局集其一身的命理格局，也就會比常人有更多的成功機會。在奮鬥力上也會比一般人強盛。

由命理格局中先觀看其人的成就和事業的取向來取名字，會對其人有絕大的好處。例如命格中主官貴格的人，就取官旺、能掌權、有榮貴特色、有才智、有學識、清雅，名利又能雙收的名字。

『陽梁昌祿』命格的人如何取名

命中主貴的人，要分是在政府機構、公務員體系中工作，還是在教育界、研究機構工作或是在高水準的民營文化機構任職，也要分是文職或武職（在軍警界任高官），就是要分文貴或武貴。

上述這些事業型態都需要命格中有『陽梁昌祿』格來支撐形成。沒有『

陽梁昌祿』格的人，是很難具有高知識、高智慧和高的學習能力及奮鬥力，還有貴人運帶來的良好機會促就形成的。因此，『陽梁昌祿』格就是一個主貴的人生格局的代表。

倘若一個人本身的命格就是有官貴前程的命格，再配上有官貴格局的名字，就有水到渠成、自然天成的福力、升官做事就能名符其實的自然成功了。倘若一個人本身的命格有官貴格局，但是所命名的名字不佳，絲毫沒有官貴的跡象，或只是花花草草、飄逸、不夠踏實的名字，是很難得到別人的信賴，委以重任的，自然在升官、升職的路上是倍感艱辛了。

另外，本身命格中沒有官格，卻取了一個有官貴格局的名字，此人便是外表好看，卻無法真正掌實權的人。同時也極容易受到別人的嫉妒杯葛，根本做事也做不成、做不好，一生飄浮。

因此取名時，首重『名正而言順』是很重要的。名字不但是代表一個人的符號。中國人尤其講究人要『死後留名』。因此人的名字的使用期限很長，甚至在人死後仍然繼續代表那個人的精神永存。人的名字也代表其人的名譽和地位，是故意不可不重視的了。尤其，命格中有貴格，有『陽梁昌祿』格的人，可以留名的機會是超乎其他命格的人之上的，更是不得不講究姓名的吉凶了。

『殺、破、狼』命格的人如何取名

『殺、破、狼』命格的人，指的就是七殺坐命的人和破軍坐命的人及貪狼坐命的人，當然也包括紫殺、紫貪、紫破、廉殺、廉破、廉貪、武殺、武破、武貪等命格的人。這些人都是屬於強勢命格的人。也都具有剛強、堅硬的性格和獨立自主、奮鬥打拚的耐力。『殺、破、狼』命格的人，要是能具有『陽梁昌祿』格的話，其人在智慧方面，知識程度方面一定會增高，在人緣機會和貴人運方面也會帶來極大的利益。因此有此兩種混合型態命格的人，就可以取強勢一點、有強悍味道、又帶有官格的名字，自然能助運，也能助貴了。

『殺、破、狼』命格的人，若命理格局中再兼有偏財運、暴發運格，有『

武貪格』、『火貪格』或『鈴貪格』的人，一生有多次暴發旺運的機會，事業也會有成就。適宜取更帶有強勢意味的名字。

本命是『殺、破、狼』命格的人，倘若整個命盤格局中只有『機月同梁』格的話，這只是一般平凡人的命格。若是其人的『命、財、官』有瑕疵，例如財、官二宮有劫空和化忌，亦或是命宮、福德宮等有貧窮的格局。例如有破軍和文昌、文曲同宮，則其人一生起伏、奔波勞碌、不定。這種命中缺財的人，特別愛賺錢、愛財，一直想從錢財上來發達，但是財已被劫走，根本沒有任何機會來得到大財，只有日常生活的小財，或借貸、或靠他人過日子。這種命格的人，倘若能認清事實，好好工作，順應天命，未嘗不能在平凡中出現其偉大的一面。其人在取名時，就最好以『主貴』或以德行的清高、智慧和知識的發展做精神目標來取名字。會比命中既沒有財、又取了財星旺的名字，終日念念不忘財祿，最後只落得好高騖遠、不求實際、智慧和能力都耽誤、浪費了。我們常看到命中無財或財少的人，其人的智商都很高，這也是上天有好生之德，讓你用另一個方式來取用生命延續之財的意思。

『機月同梁』命格的人如何取名

本命坐在『機月同梁』格上的人，也就是命宮中有天機、太陰、天同、天梁等星的人，都是溫和性格的人。其人一生的運程和人生起伏也屬於溫和、沒有大起大落的形式。這表示你的人生就是以和緩、漸進、平順為主的人生。『機月同梁』四個字的意義就是天機代表聰明、機智、伶俐、可隨機應變在人生生活中的小問題。『月』是太陰，雖然也算是財星，但這是緩慢，一個月才展現一次的財，因此它可代表薪水或是房地產的租金。太陰所代表的財，不會比祿星或其他的財星多，除非是有太陰化祿（加上祿星的力量），是故太陰的財只是溫和、緩慢、漸積的財。天同代表平順、平和。天梁代表有父母、長輩和外緣的照顧。是故，整個的看起來，『機月同梁』格的財要比『陽梁昌祿』的財要少了許多。主要是因為『陽梁昌祿』格中直接就帶有祿星的緣故。

本命是『機月同梁』格的人，也有些人的命中會有『武貪格』、『鈴貪格』或『火貪格』。這些人雖然會比一般『機月同梁』格的人，多一些好運、偏財運或暴發運。這種命格只是在其人平順的人生中多了一點點大的起伏罷了，並不見得會影響到整個人生主貴、主富。因為暴發運的時間只是一個交叉點的關係，那個時間點一過，便有暴起暴落，回復先前自然平順生活的形態。倘若此人無法覺悟，而一直認為或期望暴發運會馬上又發生，終日等待，反而會將自己平順的人生擾亂，落入更低的生活層次之中。在我命相的生涯中，看到上述這種命格的人，是屢見不鮮的。

具有『機月同梁』格的人在取名字時，不論你有沒有暴發運格、偏財運格，都應該取秀氣、溫和仁厚、福祿豐厚、人生目標是吉祥隆昌的名字。因為命理格局是『機月同梁』格的人，本身在命格中就具有這些優點。再加上一點祝福的、期盼性的目標，在取名選字的意義上慎重一點，就會是一個好名字了。

四種格局都有的人如何取名

在『紫微在寅』、『紫微在申』兩個命盤格式中的人，有一種具有四種格局齊集一身的命格。也就是同時具有『陽梁昌祿』格、『武貪格』、『殺、破、狼』格局和『機月同梁』格。凡是具有這四種格局完美組合的人，皆可成為大企業、財團的負責人，或是政府高官，人生中肯定是有成就的。就像前行政院長郝伯村先生是武曲化祿坐命辰宮的人，以及現今的陳水扁總統是廉相坐命子宮的人，他們都是『紫微在申』命盤格局的人。而前總統府資政吳伯雄先生是貪狼坐命辰宮的人，他是『紫微在寅』命盤格式的人。這些名人都具有暴發格，而且全是在辰、戌年暴發的人。

倘若你也是『紫微在寅』或『紫微在申』命盤格式的人，你就要好好為自己打算一下，取一個吉祥如意又有官貴、福祿格局的名字，來拓展事業上的發展，創造新的企機了。

上述三個名人中，以陳水扁總統的名字結構最不佳，三才配置是金金火

總統陳水扁先生　命盤

僕役宮	遷移宮	疾厄宮	財帛宮
太陽化祿 天刑 孤辰 辛巳	破軍 壬午	天機 陀羅 天鉞 癸未	紫微 天府 祿存 天馬 甲申
官祿宮 武曲化權 台輔 庚辰	陽男 火六局 命主：貪狼 身主：天梁		**子女宮** 太陰化忌 擎羊 地劫 天姚 乙酉
田宅宮 天同化科 己卯			**夫妻宮** 貪狼 陰煞 丙戌
福德宮 七殺 文曲 右弼 天才 戊寅	**父母宮** 天梁 鈴星 天空 天魁 己丑	**命宮** 廉貞 天相 左輔 封誥 戊子	**兄弟宮** 巨門 火星 丁亥

的配置，有能夠成功發達之運數，但是會因身體過勞、易生腦部、肺部疾病，以致境遇不安定、有離亂、變動之象。陳水扁先生是生肖屬虎的人（庚寅），名字中間這個字是水，有腰腎不好，腎水不足的困擾，因此很容易累，脾氣也不好。再加上屬虎的人，不喜歡遇水，大有『虎落平陽被犬欺』的困擾問題。也會性格猶疑不決，很難做決定。

陳水扁先生是廉相坐命子宮的人，廉貞屬火、天相屬水，又同坐於子宮，故水太多、刑剋了命格中的財祿。他的身宮落在財帛宮，有紫微、天府、祿存，表示其人對於賺錢是很有興趣的。官祿宮是武曲化權居廟位。表示他真正的財是在事業上、政治方面的掌握，才會有財。同時也表示他是一個以主貴為主的命理格局。其人的財祿和想像是有差距的。我們在他的命盤中可以看到其疾厄宮是天機陷落和陀羅星，再由其姓名中對照，就可瞭解其身體狀況是堪慮的。但他這幾年運氣還算是最好的，一直要到羊年就會顯露身體的狀況。

命名五行官旺、隆昌、吉凶通用文字解析

納音五行屬金的通用文字：官旺吉之字解析（以納音為五行）

上	士	石	辰
清雅榮貴有向上之心，但不善仁和，人緣不佳，前運好，後運不佳。有二子，吉祥之命格。	清雅之字，身體欠佳，壽短，幼年不吉，中年順暢隆昌，晚年勞神傷財，一生少樂之命格。	中年勞碌奔波，晚年吉祥如意，命硬。有刑偶傷子、再婚、雙妻之格局。	外貌英俊、美麗，多才多能，清雅出眾，至外地吉，理智聰穎，能成功隆昌。宜申、子、辰年生人。
山	**心**	**任**	**信**
為孤獨格，幼年不吉，與父母無緣，中年以後漸佳，為技術格之人才，欠子之命。	為孤獨格，易有心結，剋父，有愛情困擾，但仍能平順享福過生活，且子孫興旺。	為環境好，有官貴格之字，學識淵博，中年以後隆昌，但不宜巳、酉、丑年生人，宜申、子、辰年生人。	聰明清雅、精明幹練，配合吉者能成功隆昌。宜配申、子、辰年生人。配合凶者則有牢獄之災，忌配巳、酉、丑年生人。

尚	為溫和清雅，有福祿之配置。有理智、才能，能榮貴隆昌之格，但頭上有角，不宜配寅、午、戌生之人。
俟	為懷才不遇，勞神，終日憂心之配置。巳年生人配之，主懦弱無能。中年平順，晚年吉，有二子。
再	聰明巧智，多才能，有貴人運，中年以後成功隆昌。女子配之不吉，多災，且薄倖。
宗	清雅有才幹之字，且聰明英挺、有福祿、環境優秀，能成功隆昌之字。但不宜蛇年生人所用。
相	有智慧，才能，溫和，儒相。但刑偶傷子，有再婚、雙妻之格，中年以後才能隆昌。此為金木相剋之字，卯、亥、未年生人不宜，定有刑剋。
如	溫和、有理智、多才幹、秀氣、有愛情困擾，中年多災厄，短壽之字。半邊口，不適合寅、午、戌年生人，多是非口舌。
思	理智清楚，有才幹、能勤儉努力，力振家聲而名利雙收。巳、酉、丑年生人不吉，多勞。
州	為六親不和之配置。剋父、刑偶傷子，中年不吉多災，晚年吉祥，一生多顛頗勞碌。
先	為刑偶傷子或欠子之格，必須外出他地，以逢貴人而得財。中年勞碌，晚年吉祥榮貴。
水	為有才有能力之人，亦有理智，但無運，且會刑偶欠子，一生平凡至晚年較吉，不宜寅、午、戌年生人，會劫財。
才	清雅、巧智、多才，但為半財之字，環境雖好，亦能成功，但財少之字。此字為半木，亦有金木相剋之況，會刑偶傷子，少財。
侃	此字命中帶舛難，中年多災，懷才不遇，晚年平順。有人災，口舌是非，不適合巳、酉、丑年生的人。

世	此字為中年勤儉、勞碌、發憤、操守清廉，晚年有福祿之字。但不適合巳、酉、丑、寅、午、戌生人。
若	為孤獨格之字，刑偶傷子，中年不吉潦倒，晚年福祿雙收。此字只宜卯、亥、未、未生人用之。
崇	清雅榮貴，環境美好，有英俊美麗的外表，多才能、易成功。中年應小心，有愛情困擾。
順	清雅榮貴，多才，有賢能之資，中年較平凡、平和，晚年吉祥如意。此字有車禍、忌水厄。
樹	特有金緣，有財祿之字。一生清雅有才幹。剋父，環境佳，中年勞碌、晚年吉祥之格。宜寅、午、戌人用之。
仁	此字特重理智，若重情則失敗無為。一生中年勞碌，晚年吉祥之字。不宜巳年生人用。
宙	此字為秀氣、靈巧、重信義、肯奮鬥辛勞，多才巧智之格，中年以後隆昌。不適合辰年生人。
清	有吉凶兩方面的狀況。配合其他字趨吉的，則成功隆昌。配置其他字凶者，中年多災，晚年吉。此字有車禍、水厄。
瑞	外表英俊有才，在教育界工作主大吉。溫和有榮貴隆昌之成就。女性用之有身瘦、災厄，宜小心。此字宜巳、酉、丑生人用之。
賜	此字中年吉祥，但一生多災厄。有刑剋、破相或身體多疾病，壽短。孤子用之無妨。
舜	天生美麗、英俊、清雅多才、剋父。中年奔波、平凡。晚年吉祥順利。此字宜天梁坐命者用之。
超	智勇雙全，出外奮鬥吉，中年吉祥，晚年勞神。此字帶刀刑，會刑偶傷子，命格強者可用之。

儒	遵	戎	宣	祥	純
此字官運旺，能榮貴隆昌，環境優良，且能多才、精明、幹練、公正、講理。	出外吉祥，溫和，勤儉，中年勞，老年順利，環境尚好，適合巳、酉、丑年生人較吉。刑偶。	清雅，性剛，少年不利，有災厄，中年勞，晚年吉祥。有刀傷之格。宜『殺、破、狼』命格用之。	有學識、有膽識、官旺，中年可成功隆昌，清雅榮貴，適合馬年生人，及太陽坐命者用之。小心頭部、眼目之病。	天資聰穎、伶俐、外表溫和、美麗，但暗藏不幸。有刑偶欠子之格。晚年吉順。宜卯、亥、未年生人用。	伶俐清雅，身弱多疾，憂心勞神，有愛情困擾，晚年吉，宜天同坐命者用之。

慎	新	神	守	專	莊
此字為中年平順、晚年隆昌，智能超凡、福祿雙收之字。有二子吉。有煩憂。宜申、子、辰人用之。	智勇多才，中年奔波晚年吉祥，但有金剋刀傷，巳年生人不宜用，喜用神屬金的人可用，要小心傷災。	外貌清雅，英敏多才，有巧智。天梁坐命有者之較恰當。中年吉，晚年隆昌之格。此字亦宜空、劫坐命者用之。	精明公正，中年吉順隆昌，刑偶傷子之字，有刀傷。女人用之多病災、寡情。宜小心用之。	外表秀氣清雅，勞碌無結果，中年勞，晚年平順。刑偶，有災。忌寅、午、戌、卯、亥、未年生人。	溫和，賢能，清雅有才幹，中年勞碌，晚年吉。宜卯、亥、未年生人及『機月同梁』格之人。

詩	策	鍾	聖	商	慈
有理智，才能，官運旺。中年能成功隆昌，為出國之格。宜申、子、辰人吉。此字有小傷災。	溫和，中年勞碌，名利雙收，晚年吉，有二子。不宜巳、酉、丑年生人。	溫和、忠厚、勤儉、克己助人、中年平和、晚年隆昌，宜巳、酉、丑、申、子、辰生人。	官運旺，有學識，榮貴清雅，能成功享福。不適合巳、午、未生人。	有名有利，可進財納福，中年勞，晚年吉順、隆昌，但有剋父不吉。尤忌太陽坐命者用之。	溫和、秀氣，有才能，中年吉，晚年勞神可隆昌，有心悶煩憂之苦。宜天同坐命者用之。

淞	森	仕	彬	珊	善
有學識，可榮貴，勤儉創業，中年可成功。有出國之格。此字宜申、子、辰年生人用之。	此字多凶，配置吉者，亦有是非禍端，有身弱，短壽、不祥及愛情厄。凶者惡死之兆。卯、亥、未生人可謹慎用之。	有才幹、巧智，義利分明，中年隆昌，晚年多疾，不適合寅、巳年生人。	有官格、智勇雙全。多才能，清雅榮貴，但此字中暗藏不祥之格，且多錦上添花之事。不宜卯、亥、未生人。	多才、秀氣，巧智伶俐，中年成功之兆。可出國。適合卯、亥、未生人，但一生中有困厄危險。	福祿，名利皆有。溫和、多才、中年吉，晚年昌隆，宜卯、亥、未年生人，但有口舌是非。

梓	官運旺，有智慧、勇敢、環境好，一生清雅榮貴，可成功立業。適合有『陽梁昌祿』格者用之，但不宜巳、酉、丑年人用。
珠	青少年及中年有疾病，災厄，愛情困擾，身弱、短壽，晚年平順。宜卯、亥、未年生人，但仍有愛情厄及病災、困厄。
秀	秀氣靈巧，配置吉者，可榮貴。配置凶者無吉，有災厄。此字有愛情困擾，多憂愁。卯、亥、未生人宜小心用之可也。
真	溫和、多才能、雅麗，中年可成功，一生榮貴、清閒。申、子、辰年生人主吉。有二子。
晟	官運旺之字，溫和、多才、一生平安、子孫興旺，中年成功，能出國發展。宜太陽坐命者用之。宜『陽梁昌祿』格者用之。宜寅、午、戌人用之。申、子、辰人不吉。
震	武官運旺，智勇雙全之格。幼年不順，勤儉建業，力振家聲，但有災厄暗伏。宜申、子、辰人用之。
姿	秀氣靈巧、溫和、懂事，可成功，隆昌。有刑偶、傷厄。長女勿用。寅、午、戌人勿用。
雪	此字為中年多災之格，感情不順，再嫁、守寡、短壽、自殺、宜小心，晚年平順。有血光之災。申、子、辰人可用，但有災厄。
情	清雅、伶俐，有愛情厄，刑偶傷子，多災厄、愁苦，晚年平順。申、子、辰人不可用。
春	離鄉外出主大吉，一生清雅，聰慧，但苦多樂少，中年有災，晚年吉祥，但勞碌。欠子之格。宜寅、午、戌生人，有眼病、頭痛。
韶	多才、幹練，中年勞碌，晚年吉祥，帶刀厄，刑偶，欠子。宜寅、午、戌生人，但多帶口舌是非。
勝	多才，有智慧。有刀厄，中年多災，晚年吉，晚婚較吉，早婚有短壽之象。宜申、子、辰年生人用之。

嗣	剛直、公正、幹練精明。有智慧勇氣。官運極旺，中年成功昌榮。帶刀厄，小心是非口舌。宜『殺、破、狼』命格用之。
滋	溫和、美麗、賢淑，中年吉祥，環境佳，老年昌隆。宜申、子、辰人用之。但多煩惱。
秋	清雅、美麗，有巧智，中年成功，晚年吉。有愛情厄。女人用之不吉，多虛榮，有災厄。宜寅、午、戌生人用之。
莎	溫和、多才、勤儉、榮貴之字。中、晚年吉祥、隆昌。宜卯、亥、未年生人。欠子。
靖	官運極旺，有學識、才智。中年成功出眾。但刑偶、性刑直、多煩憂。
繡	溫和、多愁，身弱、壽短，中年有災，晚年吉。有愛情厄，忌車禍、水厄。忌申、子、辰年生人。宜寅、午、戌生人。
津	理智謹慎，外貌秀氣，伶俐，宜晚婚，中年昌隆。宜申、子、辰人用之。傷子、刑偶。
璇	離家外出為吉，中年勞碌，晚年成功吉昌。有愛情厄，早婚不吉。宜卯、亥、未生人，多煩憂。
淑	溫和、聰慧，中年吉，晚年勞碌、煩憂。有身弱不佳或愛情厄。宜申、子、辰人用之。不宜寅、午、戌年及蛇年生人。
彩	清雅、巧智，有才能，中年平凡，晚年吉順。刑偶，雙妻之字。不宜卯、亥、未生人，宜寅、辰、午、酉年生人。
靜	冷靜、賢淑，才幹，一生清雅，中年平凡，老年吉。刑偶，有愛情困擾，多憂之字。
星	外貌美麗、有才幹、智慧，中年成功，可榮貴。宜太陽坐命者用之。小心頭部病變及眼目之疾。宜寅、午、戌生人。

茜	芊	仙	椿	柔	聰
秀氣、有智慧，勇氣，一生可榮貴，有出國運。宜卯、亥、未生人，或喜用神欠金水者用之大吉。	一生清雅，環境好，中年可成功，但刑偶傷子，有榮貴。宜卯、亥、未、子年生人，有刑剋。	溫和、爽朗、清雅、伶俐、環境佳，中年成功，雙妻之格。此字宜天空坐命者用之。	秀氣、待人誠懇。中年平凡，晚年吉順。女子有愛情困擾，宜寅、午、戌年生人用之。	離家外出吉，中年可成功，有福祿，晚年更吉昌。剋父，有煩憂。不宜巳、酉、丑年生人。	環境優，人緣桃花強，有理智之字。中年勞碌，晚年吉昌。雙妻之格之字。宜申、子、辰年生人用之。
碩	**阡**	**尊**	**羨**	**昇**	**筌**
多才賢能，可榮貴、清雅，名利旺盛。官運順利且旺。有二子。宜申、子、辰年生人用之大吉。	官旺或財旺，中年可榮貴，一生環境好。宜巳、酉、丑年生人。有愛情厄，傷子。	有才能，伶俐，中年勞碌，晚年清平順利。會刑偶傷子。宜巳、酉、丑年生人用之，但有小災厄。	伶俐、巧智，中年勞碌，晚年吉順。有愛情困擾，刑偶傷子。宜卯、亥、未年生人，欠子。	有智慧、操守。平順，一生安富尊榮。宜太陽坐命者用之。小心頭部及眼目之疾。寅、午、戌年亦可用之。	中年平凡，晚年吉順，子孫興旺，一生平順。宜卯、亥、未年生人用之。

素	釧	室	壽	勢	齋
此字中字平凡，有災厄，晚年吉。身瘦、多病，有水厄。亦有愛情困擾，晚婚較吉。忌申、子、辰年生人用之。	中年勞苦，憂心勞神，晚年吉順。有愛情厄。刑偶傷子，有刀厄傷災。	多才智、福祿，一生奮鬥力強，中年可成功。有貴人運。不宜龍年生人之用。	官旺、財旺之字，環境良好，但多疾而身弱。中年吉順，晚年勞碌、煩憂，有口舌是非刑剋。宜寅、午、戌生人用之。	清雅、有才、伶俐，中年勞碌，晚年吉。刑剋父母、有刀厄，不宜午、戌或牛、羊、狗三刑之人。	官運極旺，學識豐，富貴，財官雙美格局。清雅一生，不宜巳、酉、丑年生人。

湘	倩	盛	歲	處	隨
清雅、端莊，精明幹練，做人公道，中年可成功。女人用之有愛情厄，刑偶欠子，宜小心用之。宜申、子、辰年生人用之。	一生清雅，多愁善感。中年吉，晚年勞碌煩憂。身體不佳，且刑偶欠子。宜申、子、辰年生人。不宜巳年生人。	刑剋重，帶血字，有自殺、牢獄之災。有車禍、水厄、短壽之字。女人用之有愛情厄，困頓。	聰敏、多才，中年平凡，晚年吉順，有刀厄刑剋。欠子。宜『殺、破、狼』命格強勢者用之。	出外離鄉大吉。重信義，中年勞碌，晚年吉，性情複雜多變。不宜蛇年生人。	此字有外祥內憂，多愁善感，多勞而無功之憾。中年災多不吉，晚年祥順。不宜蛇年生人使用。

實	中年吉，晚年勞碌傷神。此字多煩憂、勞碌或有車禍、水厄、破相之災厄。蛇年生人不宜。
設	清雅，有才能，外出離鄉吉。刑偶傷子。自殺、短壽，會有愛情厄。宜申、子、辰年生人。
城	溫和清雅，多才能，中年成功，晚年勞碌奔波多憂。有刀厄、刑剋，宜寅、午、戌人或辰、戌、丑、未年生人。
村	中年吉，晚年昌順。一生憂勞奔波，有傷剋。宜卯、亥、未年生人。
初	清雅可榮貴，中年勞苦奔波，晚年吉。宜晚婚，刑偶傷子，有刀厄刑剋之字。不宜巳、酉、丑年生人。
翠	溫和秀麗，中年勞碌，晚年幸福，吉順。有愛情厄，子少。暗藏刀厄，有災。
俞	有理智、清閒，中年吉，晚年祥順。有刀厄，欠子之字。申、子、辰人小心可用。
軾	中年勞碌，晚年平順。一生憂勞，行事無功。可榮華，異常辛苦。有刀厄，忌車禍、水厄。不宜申、子、辰年生人。
裕	出外離鄉吉，有福祿。刑偶傷子之格，中年吉，晚年煩憂。宜劫空坐命者用之。忌蛇年生人用之。
深	一生清雅、可榮貴，但刑偶傷子，中年可成功，環境佳。宜申、子、辰年生人。
壯	中年成功，晚年勞碌煩憂。刑偶傷子，有雙妻之格。忌車禍，有水厄。宜寅、午、戌年生人用之。
嬙	清雅秀氣，伶俐，勤儉勞碌，中年有愛情厄，晚年吉順。巳、酉、丑年生人不宜。

青	性格剛直、口快，中年平凡，晚年煩憂，刑偶欠子之格。宜申、子、辰人用之。
馨	美麗、清雅、有才幹、正直、精明，中年可成功昌隆。女子用之小心愛情厄。宜寅、午、戌人用之。
兒	幼年清雅有福，中年勞碌，晚年二子。一生奔波，終吉。不宜蛇年生人。
鋭	伶俐清雅，中年勞碌，晚年吉順。刑偶傷子，有愛情厄。宜申、酉、戌年生人。其他不宜。
蕭	清雅秀氣，有才能。中年勞碌，晚年吉順。宜卯、亥、未生人。
輯	主名利。有口才、伶俐、智謀，中年吉，晚年隆昌。宜申、子、辰生人，小心車禍、水厄。
甄	清雅秀麗，中年平凡，外出離鄉較吉，環境佳，晚年吉順。宜巳、酉、丑年生人。
沈	多才、清雅、有智慧，中年奔波勞碌，晚年吉。宜申、子、辰人用之。不宜巳、酉、丑人。
忍	少年、中年吉，晚年多災。外出離鄉吉，一生煩憂，身弱，勞碌，多災厄。有愛情困擾，心情糾結之苦。
車	性格剛直、果斷，口快心直，中年勞碌奔波，晚年吉順。刑偶欠子，忌車禍、水厄。不宜申、子、辰人。
佐	溫和、清雅、有智慧、勇氣，學識佳，一生多福。不宜蛇年生人。宜寅、午、戌生人。
熾	出外離鄉吉，精力旺盛，晚婚較吉，有刑偶傷子刑剋。中年成功，晚年隆昌幸福。此字宜太陽坐命者，或喜用神為須火旺者用之。

西	聲	精	紹	烝	翼
一生多煩憂，晚年才隆昌。二十九歲至三十一歲小心災厄。宜申、酉、戌年生者用之，或喜用神屬金者用之。	溫和，有才能，中年成功，名利皆有。雙妻之命。可榮貴。宜申、子、辰年生人。	官旺、財旺，有財官並美格局。有膽識、榮貴，環境優良。女子用之，有刑夫傷子之厄。此字適合『殺、破、狼』命格的人用之。	官運旺盛，有智勇，義利分明，帶刀厄刑偶，欠子之格。晚年隆昌。有是非口舌之災。不宜巳、酉、丑年生人。	聰穎，有理智，中年能成功，有出國運。老年子孫旺。此字內含水火相剋，宜慎用之。	男俊女嬌，多才、有理智之字。中年勞碌，晚年吉，有二子。但忌水、怕火。宜配置佳才可用。蛇年生人不宜用。
暑	**楚**	**曾**	**寰**	**譯**	**殊**
清雅、有才，中年勞碌，晚年吉順。晚婚子遲者吉。有刑剋。宜寅、午、戌年生人。宜太陽坐命者用之，但小心頭部病變及眼目之疾。	清雅、有智慧、勇氣，中年吉，晚年勞碌，有出國運。壽短。不宜巳、酉、丑年生人。	清雅有才能，可榮貴，刑子，遲得子為吉。一生環境好，宜寅、午、戌生人用之。	離鄉外出大吉，溫和，聰慧，有出國運。晚婚吉，有愛情厄，或有刑偶煩惱。蛇年生人不宜。	此字少年吉、晚年昌順，一生清閒，肚量大，上下和睦，得人所愛。適合申、子、辰年生人。	中年有災，晚年不幸。一生多煩憂勞碌。有愛情厄。不吉。

色	芯	丞	淨	史	禪
口快心直，帶刀厄，少年辛苦，中年多災，晚年吉。一生憂煩，勞碌，或身犯入獄。	清雅、中晚年不吉，多災、出外離鄉吉，身弱、勞碌、煩憂，有愛情厄。	一生清雅、伶俐，有膽識、理智，能成功，可榮貴。但欠子。宜申、子、辰年生人。	能助人，一生清雅。中年可成功，有出國發展之格，可榮貴。申、子、辰年人可用。小心有刀厄傷災。	一生有福祿，但中年有災厄，晚年吉。不宜巳、酉、丑年生人。有是非口舌，災厄。	溫和、有德、懷才不遇，中年勞碌，晚年吉順。宜空、劫坐命者用之。
省	**舟**	**準**	**釵**	**滇**	**松**
性格剛強，易生多災，中年勞苦，晚年吉。刑偶傷子，女子用之多薄幸，有災厄，與父母有刑剋。	一生飄浮不定，多是非，中年以前多災，晚年吉。刑偶，宜晚婚。	一生多憂煩，刑偶傷子，身弱、不健康，壽短。中年有災，晚年吉。辰、酉年生人可用，但亦有刑剋，忌車禍、水厄。	溫和、伶俐、多才能，中年勞碌，有愛情厄，晚年吉順。宜酉年生人用之。但有車禍、水厄。	溫和、勤儉，有才能，賢淑，能成功榮昌。有出國之運格。得二子。宜申、子、辰年生人。	公正剛直，有智慧，精明幹練，清雅榮貴之格。有出國運。宜卯、亥、未年生人。

諭	徽	草	萱	整	崧
公正剛直、精明幹練，有膽識，有出國運。中年可成功。官運極旺。宜申、子、辰年生人。	溫和、精明、公正，外出離鄉吉。有出國運。出外隆昌。有愛情厄。不宜巳、酉、丑年生人。	外貌吉順，內含多憂。中年忌車禍、水厄，晚年吉祥。宜卯、亥、未年生人。仍有災厄。欠子。	一生清雅多才，學識廣博，官運旺，有出國運，多福多壽。宜『陽梁昌祿』格者使用。	一生清雅，義利分明，中年吉，晚年昌順，妻子賢孝，生活平順。	官運旺，有福壽，財官並美。中年成功隆昌。宜寅、丑、午年生人。

舒	幟	歆	節	俞	榆
清雅、有理智，中年平凡，晚年吉。可榮貴。小心傷災。	一生憂煩，有愛情厄。忌車禍、水厄，刑偶傷子，晚婚吉，遲得子吉，晚年祥順。不宜巳、酉、丑年生人。	身弱多疾，刑偶欠子，中年多勞碌，晚年有福。一生有刑剋，少吉。	清雅多才，中年吉，晚年勞碌，多災。身弱、壽短，有二子。	頭腦清楚，中年吉，晚年隆昌，一生清閒享福。有刀厄刑剋。	官運旺，有膽識，可榮貴，一生清雅，中年成功，有福壽。宜寅、午、戌生人。有刀厄。

馗	嬋
公正、多才、精明、賢能，中年平凡，老年榮華之字。宜申、子、辰年生人。	秀氣，多才能，多名利，中年成功，環境優良，有福祿。有是非口舌，傷子、桃花困擾。

姍	送
秀氣、靈巧、多才、伶俐，有出國運。中年可成功。不宜蛇年生人。	有吉凶兩面之意義。配置吉者，可成功隆昌。配置凶則貧困。此字忌車禍、水厄。

納音五行屬水的通用文字五行官旺吉凶解析

凡	合	丙
清雅榮貴，可出外發達，逢貴人運而得財。刑偶欠子之字。宜巳、酉、丑生年人用之。	溫和、清雅，環境尚好，中年勞苦，晚年隆昌，有口舌是非、分食，不適合用在公司名號。宜寅、午、戌年生人用之。	有官貴之格之字。美麗、俊美，環境好，中年可成功。宜寅、午、戌年生人及喜用神為丙火之人大吉。

文	旻	平
英俊、有才、溫和，中年吉，晚年勞祿，忌車禍、水厄。女子用之主再嫁。刑偶欠子之象。常人用之不吉。	溫和、清雅，有才，中晚年祿，忌車禍、水厄、刑偶欠子。宜空劫坐命或佛道人士使用。宜寅、午、戌年生人用之。有頭部、眼目之疾。	溫和、賢淑，有才能，能克己助人，安穩本份。教育界發展有成就。欠子。宜申、子、辰生人用之。

亨	向	香	紅	美	坡
一生清閒，有才能，伶俐，中年勞碌，晚年享福。欠子刑偶。宜晚婚。宜申、子、辰年生人。	平凡清雅，有衣食，中年煩憂勞碌，晚年吉。有口舌。不宜寅、巳年生人。	中年有災，晚年吉。一生身弱多疾、憂煩、勞碌、多災厄、壽短之字。只宜寅、午、戌年生人。	多才、巧智，中年勞碌，晚年吉順。剋父、多煩憂。為清雅之字。宜寅、午、戌年生人用之。	多才有能，秀氣清雅，中年吉，晚年昌盛，有清貴，財不多。宜卯、亥、未年生人。蛇年生人不宜。	此字為病弱、壽短、破相、勞碌、奔波、多煩憂之字。水土相剋，無法昌盛。刑偶，需晚婚，勞神無福可享。

孝	河	幸	妙	豪	福
清雅、多才、有智謀，中年多災厄，晚年吉昌。刑偶之格。宜申、子、辰年生人。	英敏僥健，英雄之格，多才多能，中年勞碌，晚年吉昌，有水厄、刑剋，有二子。忌酉年生人。	一生清閒，中年平凡，晚年吉。秀氣、多才、伶俐。欠子。宜酉年生人。	幼年、青少年皆辛苦，中年可成功。女人用之，中年勞碌，晚年才吉。欠子，有刑剋。	出外奮鬥較吉祥，可收福祿。環境佳，可有幸福。此字為孤獨格，六親無靠。有刑剋，宜卯、亥、未生人用之為吉。	清雅、多才能，中年吉，環境佳，有福祿。但刑偶，有雙妻之格，會再婚。不宜蛇年生之人。

伯	外貌英挺，多才，有巧智，義利分明，能助人，一生平順。不宜蛇年生人。宜申、酉年生人。
武	有吉凶兩面之配置。吉配置者可成功。配置凶者，壽短多病，有刀厄，刑偶傷子，多災。宜『殺、破、狼』命格者用之。
波	外出離鄉大吉，白手成家。中年潦倒，勞碌奔波，晚年成功，可榮貴。宜申、子、辰年生人用之。
民	外型英挺、美麗。官旺、財旺，財官並美。中年可成功，上下和睦。不宜蛇年生人。有刀厄。
行	溫和清雅、伶俐。中年有病，晚年吉。有刀厄。不宜蛇年生人用之。
宏	一生清雅，中年不利，晚年順利。有才智，刑偶傷子，晚婚吉，遲得子有貴子。宜巳、酉、丑年生人用之。
明	清雅、多才、伶俐、有智慧，中年多災多難，晚年吉。有愛情厄。宜太陽坐命，太陰坐命者用之。宜寅、午、戌年生人用之。
木	清雅平凡，中年成功，環境尚可。刑偶，有雙妻命之格。宜卯、亥、未年生人用之。
夫	英敏，有才能、聰慧，中年奔波勞碌，一生榮雅清貴。不宜蛇年生人。
和	中年勞碌，有疾，晚年昌順。妻子賢孝，有口舌之爭，不宜寅、巳年生人用。
百	一生聰明多才，有理智基礎，有食祿，能成功，環境好。宜申、子、辰年生人用之。
虎	個性剛強果斷，但身弱有疾病。中年有災，晚年吉。宜寅、午、戌年生人用之。宜『殺、破、狼』命格者用之。

候	茂	妃	妹	盈	厚
有理智、清雅、有才。中年平凡，晚年吉順。不宜寅、巳年生人，宜申、酉年用之。	清雅有才幹，中年勞碌，晚年刑偶傷子，有雙妻之命格。忌車禍、水厄。宜卯、未生人用之，有刀厄。	一生清閒，愛享福，晚年勞神，清雅有貴氣，理智穩定。宜巳、酉、丑年生人用之。有愛情困擾。	多才、重信義，但一生勞苦，多厄。晚年才吉。有愛情困擾。宜卯、亥、未年生人用之。	此字多不吉，帶血字，多刑剋，有血光之災。寡情或有愛情厄。晚年才吉。蛇年生人可用，仍有血光之災。	溫和、清雅、賢淑，中年可成功，安富貴享。宜申、子、辰年生人用之。小心有眼目之疾。

炳	惠	敏	佩	碧	法
清雅榮貴，中年可成功隆昌，環境優。但兄弟無緣。在醫學界發展大吉。宜寅、午、戌生人，或太陽坐命之人用之。	秀氣、聰明，有名利，中年吉，晚年勞碌。有煩憂。子孫旺。宜卯、亥、未年生人。	溫和、多才，有出國運，可榮貴，但一生多勞神，有愛情厄。不宜巳、酉、丑年用。	清雅，可榮貴。有勇有謀，名利雙收。女人用之有愛情厄。蛇年生人用之，有懦弱之象。酉、丑年生人用之吉。	一生清雅，中年可成功，環境佳。有雙妻格。女人用之壽短、有災。宜巳、酉、丑年生人用之。	清雅多才，中年成功，晚年吉慶。刑偶欠子。宜申、子、辰年生人用之。

銘	公正、精明幹練，有智謀、勇氣，有名有利，福祿皆佳。宜巳、酉、丑、申年生人用之。
炎	有英雄豪傑之氣，口快心直，中年有災厄，有病災或牢獄之災。常人用之小心。宜寅、午、戌人用之。小心腦溢血、中風、眼疾。
好	秀氣，有才能、理智，上下和睦，溫和、伶俐。宜申、子、辰年生人及巳、酉、丑生人用之。
微	出外奮鬥吉祥，中年勞碌，晚年吉，有愛情厄。宜寅、午、戌年生人用之。
望	官運旺，清雅榮貴，多才，中年勞碌，晚年吉順。不宜蛇年生人用之。宜辰年生人用。
萬	清雅、伶俐，一生憂心傷神，中年勞碌、潦倒，晚年吉。宜卯、亥、未年生人用之。財少之字。
弘	心直口快，一生勞碌，中年多災厄，晚年吉順。忌車禍、水厄。蛇年生人用之為宜。
本	溫和、環境好，一生平凡，中年有災，晚年吉。宜卯、亥、未年生人或寅、午、戌生人為吉。
培	官運旺，有出國運。中年吉，晚年多是非，尚吉。可勤儉，白手起家。宜辰、戌、丑、未年生人用之。
發	清雅有才，壽短破相，中年勞碌，刑偶傷子，忌車禍、水厄，財少之字。宜空劫坐命者用之。
飛	有勇有謀，有英雄氣概，義利分明，有刑剋，忌車禍、水厄。常人用之小心。宜辰、酉年生人可用之。
喜	清雅，可榮貴。中年會成功，壽短，環境好。會刑偶欠子。一生多是非。宜巨門坐命者用之。

華	多才、聰敏，中年有災厄，晚年吉。忌車禍、水厄。有愛情厄。宜卯、亥、未年生人，不宜巳、酉、丑年生人。傷子。
凰	清雅、聰慧，中年可成功。官運旺盛，有榮貴，安富之象。宜巳、酉、丑年生人。
雲	官運極旺，可成功，能英敏榮貴。女人用之主薄倖或身有疾，壽短。此字有愛情厄。宜申、子、辰年生人用之。
楓	正直不阿，精明幹練，有福祿，中年吉，可成功。有愛情厄。此字宜寅、巳年生人為吉。
斌	清雅、伶俐、多才，中年吉會成功，但忌車禍、水厄、壽短之字。有刀厄、刑偶傷子。此字宜武職用之。宜『殺、破、狼』命格用之。
輝	此字為孤獨格，與父母緣淺，兄弟無靠，中年勞碌、吉祥，晚年隆昌榮貴。身瘦則壽短。傷子。宜申、子、辰年生人用之。
憲	英俊聰敏，官運旺盛。有才能、智慧。晚年昌隆。有愛情厄，帶血光，宜小心。宜巳、酉、丑年生人。
好	秀氣可愛，伶俐、巧妙，可榮貴，有福祿，但欠子之字。宜申、子、辰年生人用之。有刀厄。
夢	清雅，可榮貴，中年吉，環境好。女人用之，有刑偶傷子，或有災厄不幸，此字宜空劫坐命者用之吉。
鋒	官旺，財也旺之字。出外奮鬥有貴人相助，有安富尊榮的人生。此字宜巳、酉、丑、申年生人用之。更宜喜用神為金水者用之。
炫	高貴秀氣，清雅伶俐，可勤儉奮發，能成功立業，榮貴之字。宜寅、午、戌、巳年所生之人用之。內心有煩憂。
勳	有才幹，一生清雅脫俗，中年有離亂，或勞苦奔波，晚年隆昌榮貴。刑偶傷子，有雙妻之格。有刀厄。宜寅、午、戌年生人用之。

學	此字外表祥和，內含憂煩，多才、有能，中年奔勞，有離亂之苦。刑偶傷子。晚年吉祥。此字宜申、子、辰年生人用之。有雙妻之格。
豐	足智多謀、聰穎，中年平凡，晚年昌盛，環境好，有名有利，豐衣足食。此字不宜蛇年生人用。
復	外貌英挺、俊美多才，身瘦。出外奮鬥大吉。中年平凡，晚年吉。能得上司榮幸之字。不宜巳年生人用之。
鴻	公正、有學識，官運旺盛，精明幹練，中年可成功昌盛，多富貴之字。此字宜申、子、辰、酉年生人用之。
鵬	武官用之大吉，官運旺盛主隆昌。此字性剛、果斷，有刑剋，身弱有疾。中年勞碌，晚年昌順。此字宜『殺、破、狼』命格者用之。
燁	溫和、秀氣、多才，中年吉祥，晚年昌盛，有幸福榮貴的生活。宜寅、午、戌年生人用之。少子。
惇	多才、伶俐，有福祿，中年平凡，晚年吉順、榮貴。內心有煩憂。此字宜『機月同梁』格者所用之。
漢	為英雄格之字，義利分明，可榮貴，中年平順，晚年吉祥。刑偶欠子，有刑剋煩憂。宜申、子、辰年生人用之。
富	清雅一生，中年吉，晚年隆昌，環境好，有富貴榮華。宜巳、酉、丑年生人用之。
逢	出外奮鬥較吉祥，有貴人相助發達。中年平順，晚年隆昌，有榮貴。蛇年生人最適宜用之。
何	一生憂心勞神，中年多災厄，或身弱有病纏身，晚年吉順，有福祿，有刀厄，不宜巳年生人用之。
淳	清雅伶俐，勤儉立業，環境佳，有福有壽。宜申、子、辰年生人。命中水太多者不佳。

綿	薇	霞	鳳	屏	眉
多才、賢能、清雅、環境佳。外型秀氣、賢淑。女子用之吉，但有水厄。心中多煩憂。忌車禍。	秀氣、清雅、有才能，外出發展吉。中年平凡，晚年隆昌。宜卯、亥、未年生人，不宜蛇年生人。多煩憂。	幼年、青少年不吉，少順，中年平凡，晚年吉。忌車禍、水厄，病弱、壽短，有愛情厄。宜申、子、辰年生人用之，但有水厄。	官運旺盛，成功富貴之格，學識豐富，有謀略。女人用之會有愛情厄，或薄倖之象。此字宜巳、酉、丑年生人用之。	清雅、多才、安富，可榮貴、成功，有出國運。有愛情厄。不宜蛇年生人。宜虎年生人用之。	溫和、清秀、淑雅，中年能成功，有愛情厄。小心眼目之疾。有肝膽病。宜寅、午、辰人用之。

梅	蘋	慧	曼	芬	訓
有吉凶兩面之象。配置佳則吉，有出國運，能成功昌盛。配置不佳則凶，多災厄、自殺之象。有愛情厄。宜卯、亥、未年生人用之。	美麗、秀氣、靈巧，有智慧、清雅，能成功，有二子，壽短。宜卯、亥、未、辰年生人用之。少子。	溫和清雅、聰明，中年勞碌，晚年吉，伶俐，多煩憂，有愛情厄。不宜蛇年生人用之。	清雅、理智，可榮貴，有出國運，中年可成功昌盛。帶刀厄血光。不宜蛇年生人用。	幼年辛苦，少年不順，中年吉祥，清雅、聰慧、壽短。帶刀厄，有血光之災。宜卯、亥、未年生有『殺、破、狼』命格者用之。	一生平凡，清雅，多災厄，懷才不遇，刑妻，晚婚吉，有雙妻之格。宜申、子、辰年生人用之。有刀厄、刑剋。水厄。

霸	中年雜亂，晚年成功昌盛。環境好。刑偶欠子，晚婚吉，有雙妻之格。宜『殺、破、狼』命格者用之。宜申、子、辰年生人用之。
峰	聰穎、多才，中年奔波勞碌，晚年吉順，有出國運，能成功發達。宜寅、丑年生人用之。欠子。
熙	清雅、多才，中年可成功，晚年吉順。有破相、身弱、壽短之象。宜巳、午年生人用之為吉。
輔	官運旺盛，清雅，可榮貴，有膽識，可成功昌隆。忌車禍、水厄。宜寅、午、戌年生人用之。
賓	義利分明，有智勇，中年吉，晚年昌順。剋父，有二子。不宜蛇年生人用之。宜申、子、辰年生人用之。
麥	此字多憂愁煩惱，有損丁破財之憾。晚年稍吉，有愛情困擾。宜辰年、酉年、子年、丑年生人用之。
璧	多才、有能、環境好，中年吉，晚年昌順。宜巳、酉、丑年生人用之。
協	多才、清雅，中年勞苦奔波，晚年昌順。刑偶、欠子、煩憂之字。宜辰、戌、丑、未年生人。宜『殺、破、狼』命格或天空坐命者用之。
慕	個性剛直、果斷、多災厄，中年勞碌奔波，晚年吉順。有牢獄之災。宜卯、亥、未年生人。多煩憂。
效	清雅、伶俐、多才、有巧智。中年成功，晚年吉。環境優，有刀厄、血光。不宜巳、午年生人用之。宜『殺、破、狼』命格者用之。
舞	秀氣、多才、有巧智。中年多勞碌，晚年吉順，環境好，但刑偶傷子，多煩憂。宜酉、丑年生人，不宜巳年生人。
保	聰穎、有理智，中年可成功昌順，晚年忌車禍、水厄。不宜蛇年生人用之。

部	歡	飄	花	杜	魚
中年勞碌奔波，晚年吉。家庭不和，刑偶傷子之格。只宜蛇年人用之。	清雅、榮貴，環境好，中年可成功。刑偶傷子之格。宜巳、酉、丑年生人用之。	中年吉，環境好，晚年勞碌、多疾病，刑偶傷子，有雙妻之格。但有財祿。宜巳、酉、丑年生人用之。多憂煩。	秀氣、伶俐，虛榮心強，中年吉順，晚年有疾或勞碌，傷神，有愛情厄。不宜蛇年生人。有刀厄。	剋父命，秀氣、伶俐，有刑剋，身體不佳，肝腎有問題，但有福祿。有愛情厄。宜巳、午、未年生人用之。	溫和、清雅、多才、有福祿，中年勞碌，晚年吉順。宜寅、午、戌年生人用之。
偶	**寶**	**杏**	**萍**	**賢**	**嫣**
溫和、清雅、慈愛，可榮貴，中年能成功。晚年有災，傷神，不吉。特不宜蛇年生人。巳、酉、丑年生人皆不宜。	清雅、有才。中年勞碌奔波，晚年吉。忌車禍、水厄、身弱、壽短。有愛情厄。宜申、子、辰人用之。	中年平凡，晚出勞神，有口舌是非。刑偶傷子，有愛情厄。宜卯、亥、未年生人用之。	清雅、秀氣、多才能，中年吉，有出國運。能成功。易為愛情所困，傷子之格。憂心。宜卯、辰、申、酉年生人用之。	聰穎，中年平凡，晚年昌順，一生安穩。申、子、辰年生人宜用。	溫和、有福祿，環境佳，中年吉，晚年勞碌。宜寅、午、戌年生人用之。

杭	範	享	甫	倍	彪
溫和、多才、清雅，中年有災，晚年吉昌，忌車禍、水厄。有二子。宜卯、巳年生人用之。有煩憂。	多才能，有膽識，中年勞碌，出外奮鬥吉，晚年昌盛。忌車禍、血光。宜巳、酉、丑年生人用之。	出外奮鬥吉，清雅、多才，中年勞碌、刑偶，晚年昌順。宜申、子、辰年生人用之。少子。	多才、有巧智，中年不吉、多災厄。晚年吉順。不宜巳、酉、丑年生人。	聰穎，有名利，中年可成功。有出國運。有福祿，忌口舌是非，不宜蛇年生人用之。	武官大喜，有官運，智勇雙全，多才、清雅，中年勞碌，晚年吉順。宜寅、午、戌年生人。宜『殺、破、狼』命格者用之。
奮	**獻**	**海**	**興**	**溥**	**懷**
有英敏之才，中年平凡，晚年昌順、多財。子孫興旺。宜巳、酉、丑年生人用之。	官運旺、財旺之字。一生清雅榮貴，可成功，環境佳。老年勞神煩憂。宜寅、午、戌生人用之。	清雅、多才，中年吉，晚年多病、傷神。一生憂心費力。宜申、子、辰年生人用之。宜喜用神欠水之人用之。	溫和、清雅、英敏、多才，中年勞碌辛苦，晚年昌順。刑偶欠子，忌車禍、水厄，有刀厄傷災。不宜蛇年生人用。	有操守，溫和，勤儉，義利分明，中年可成功，有出國運。宜申、子、辰年生人用之，但有憂煩、刀厄。	多機謀，中年勞碌，浮沈不定。有出國運。刑偶傷子，有愛情厄，晚婚吉。此字有小血光。憂心煩亂。

默	響	娥	冰	棉	珀
一生清閒、伶俐、有才能、和睦。有出國運，中年可成功。忌車禍。宜午、戌年生人。忌寅、卯年生人用之。	個性剛毅、果斷，中年多災、身弱、壽短，忌車禍血光、水厄。此字不祥。	聰穎、伶俐、自尊心太強，中年吉順，晚年勞祿之格。有小刀傷。宜寅、午、戌生人用之。	清雅、伶俐、秀氣、靈巧，中年勞祿，晚年吉順。刑偶傷子，晚婚吉。女子用之多災厄。以申、子、辰年生人用之較吉。以喜用神欠水之人用之更吉。	伶俐、清雅、有才能，中年吉，晚年昌順。環境好，有福。宜卯、亥、未年生人用之。	溫和，有學識、才能，外表英俊，能成功。忌車禍、水厄。有愛情厄。宜寅、辰、申年生人用之。不宜蛇年生人用之。
帆	**巫**	**馥**	**馮**	**霏**	**芙**
外觀英俊，中年勞祿奔波，晚年昌順。刑偶傷子，有愛情厄，多煩憂。宜蛇年生人用之。	清雅、有才，中年有災厄，奔波勞祿，晚年吉。有二子。不宜巳年生人用之。	官運旺盛，榮貴之字。有出國運，中年可成功。宜寅、午、戌年生人用之。宜『陽梁昌祿格』者用之。	清雅、中年勞祿奔波，晚年吉，福祿雙收。宜寅、午、戌年生人。	多才、清雅，中年吉，晚年昌順，有愛情厄，有福祿。宜申、子、辰年生人，有憂煩。不宜巳年生人。	秀氣、伶俐、清雅、靈巧。中年勞祿，晚年吉，環境好。宜卯、亥、未年生人。不宜蛇年生人。

較	邦	火	封	榜	瑕
一生勞碌奔波，損丁破財，刑偶傷子，中年尤忌車禍、水厄。晚年較吉，環境好。多煩憂。	英敏、巧智、多才、伶俐，為孤獨格。兄弟無緣，刑偶欠子。中年吉昌，晚年勞神。宜巳、酉、丑年生人用之。	性格剛烈，果斷，中年多災厄，有凶病惡煞之苦，晚年吉順隆昌。宜寅、午、戌生人用之。宜『殺、破、狼』命格者用之。有偏財。	清雅平凡，外觀幸福，內心多煩，一生少樂，晚年吉順，有刀厄。宜寅、午、戌生人用之。刑偶。	清雅、多才、有巧智，環境好，能成功，子孫旺。宜卯、亥、未年生人用之。	秀氣、伶俐、溫和、賢淑，出外打拚吉祥。中年平順，晚年吉昌。宜卯、亥、未年生人。不宜蛇年生人。
號	**報**	**霈**	**閤**	**賦**	**閎**
有智勇，中年吉，性格剛烈果斷。晚年多疾病、勞碌、傷神。宜寅、午、戌年生人。宜『殺、破、狼』格局者用之。	少年辛苦，一生多奔波勞碌，忌車禍、血光之災，水厄、壽短之字。有刑剋傷災。	外表溫和，多才，內性剛烈果斷，外柔內剛。中年吉，晚年昌順，環境好。宜申、子、辰年生人用之。	忠厚善良，勤儉興家，和睦，中年吉祥，環境好。宜卯、亥、未生人用之。	此字為孤獨格，孑然一身。有刀厄，勞碌、多愁善感，命途多舛，身弱有疾，壽短，忌車禍、水厄。宜申、子、辰年生人用之。	清雅、忠厚、勤儉、官運旺之字。一生祥和，環境好。宜『陽梁昌祿』格者用之。不宜蛇年生人用之。

納音五行屬木的通用文字：官旺吉凶之字解析（以納音為五行）

耕	吉	堯	琨	肇
清雅、有理智、聰敏，環境好，官運旺盛，中年可成功。宜卯、亥、未年生人用之。	一生有災厄，晚年吉。憂心煩勞，有牢獄之災，有愛情厄，為不吉之字。	一生清雅、有才能，官運極旺。中年吉，晚年不清閒。有剋父、傷妻之刑剋。宜寅、午、戌年生人用之。不宜蛇年生人用。	此為官運旺，財運薄弱之字。外貌英俊、多才、清雅、節儉。中年吉，晚年昌順。宜卯、亥、未人用之。	官運極旺，公正、忠厚、清雅、多才、精明幹練，能有名利，能成功之字。不宜蛇年生人用之。傷子。
梧	**孔**	**寬**	**癸**	**淇**
清雅、有才、義利分明，環境好，中年吉，晚年昌順。有煩憂，口舌是非。宜卯、亥、未、寅、午年生之人。	中年勞苦，憂心煩亂，懷才不遇，晚年吉，適合屬鼠、屬蛇之人用之。	清雅、多才，環境好，中年吉，有榮貴。女人用之多災、壽短、薄倖。宜辰、巳年用之。	官運旺，能成功，多才、清雅，中年勞碌，刑偶傷子。宜申、子、辰年生人用之。	官運旺盛，外表英俊、美麗，義利分明，可成功，有二子。宜申、子、辰人用之。

果	清雅、清閒，中年多災厄，晚年吉。有二子。宜卯、亥、未、中年生人用之。無桃花、外緣機會。
介	孤獨格。刑剋父母，兄弟無義，中年勞苦，晚年吉，可成功。有二子。有刀厄，刑偶，雙妻之格。
玉	有智勇雙全，名利，可榮貴，但刑偶傷子，女人用之有病弱，壽短，愛情厄。宜卯、亥、未年生人用之。不宜蛇年生人。
卿	性剛烈，憂心勞神，刑偶傷子，有愛情厄，中年不吉，晚年吉順。為不祥、壽短之字。
軍	有智勇，義利分明，中年勞苦奔波，可成功，欠子。多憂煩。宜寅、午、戌生人。
廉	清雅、聰敏，出外奮鬥吉。中年平凡，晚年祥順。有二子。不宜巳、酉、丑年生人。
官	有智有勇，多口舌是非，一生清平，中年勞祿，晚年吉。刑偶傷子，忌水厄。宜『殺、破、狼』命格者用之。
佳	溫和、多才、勤儉、奮鬥，有家業，中年成功，晚年傷神，欠子。宜寅、午、戌年生人用之。不宜蛇年生人用。
浩	官運旺盛，學問豐富，可榮貴，清雅之格。有福祿。宜申、子、辰年生人吉。
魁	有勇有謀，清雅，中年吉，晚年昌順。有福壽。宜申、子、辰年生人。
古	溫和、賢淑、有才能，中年奔波勞祿，晚年吉。有食祿。宜申、子、辰人用之。寅、午、戌人用之有口舌是非。
恭	幼年、青少年辛苦，或身有暗病。中年吉，晚年多災不順。宜小心用之。

觀	祐	環	公	業	源
性格剛烈，口直心快，中年吉昌，晚年憂煩。有福祿。宜巳、酉、丑生人及申、子、辰生人。	溫和、聰敏，有福祿，中年多災厄，或潦倒，晚年吉順。宜空劫坐命者或天同坐命者用之。	清雅、秀氣、溫和，中年吉祥、壽短，有愛情厄。宜卯、亥、未年生人用之。	有名聲顯赫之象，可富貴。一生享福，但平常人不可用。紫微坐命或『殺、破、狼』命格者才可用。	勤儉、多才、伶俐。中年吉，有出國運。晚年昌順，有刑偶雙妻之命。壽短。不宜蛇年生人用之。	官運旺盛，財運亦旺之字。有智勇，可榮貴，清雅富貴，家門興旺。宜申、子、辰年生人用之。
群	**淦**	**君**	**晃**	**雅**	**祺**
溫和、多才、有德，中年吉，晚年昌順。有福祿。宜卯、亥、未生人用之。	聰明，有才幹，清雅，中年可成功，環境好。宜申、子、辰年生人用之。或善用神為水木者用之。	外表秀氣清雅、多才伶俐，中年有災，晚年吉順。宜巳、酉、丑年生人用之，但有口舌是非。	官運旺盛，出外奮鬥可發達，逢貴人可榮昌。有出國運。有勇智。宜太陽坐命者，或寅、午、戌生人用之。	溫和秀氣、美麗、有才能，中年吉，晚年昌順，有出國運。可榮昌。宜巳、酉、丑生人用之。	貌美、多才，中年吉，環境好。官運旺盛，可榮貴。宜申、子、辰年生人用之。

姸	錦	姣	環	權	麒
刑偶傷子，中年多災，晚年吉順。多才、有巧智、清雅，忌車禍、水厄。宜巳、酉、丑生人。	有吉凶兩面之象。配置吉者，有出國運，有福貴、福祿之生活。凶配置者，有惡死凶亡之象。忌車禍、水厄。宜申、子、辰、酉年生人。不宜命局中水太多者用之。	溫和、多才、秀氣、清雅，中年可成功，昌順。有愛情厄，少子。宜巳、酉、丑生人用之。	官運旺盛，財運亦佳，義利分明，妻賢子貴。環境好，中年可成功。宜卯、亥、未、寅、午、戌年生人用之。宜『陽梁昌祿』格者用之。	官運旺盛，有學問，可榮貴，清雅一生，中年可成功，晚年勞碌、煩憂。宜卯、亥、未、酉年生人用之。	有智勇，學識佳，一生可榮貴清雅。官運旺盛，有富貴。有二子吉。宜申、子、辰人用之。
菊	**娟**	**巧**	**綺**	**鷹**	**義**
清秀、伶俐、多才。中年吉，晚年昌順。小心有愛情厄、刀厄、刑偶。宜卯、亥、未年生人。	一生做事煩勞或無功。中年多災厄，晚年吉。有愛情厄，刑偶傷子。尤不宜太陰坐命者，或蛇年生人用之。	幼年、少年辛苦，一生勞碌奔波，晚年吉。刑偶傷子，忌車禍、水厄，晚婚吉。宜巳、酉、丑生人用之。	溫和、秀氣，有才，中年平凡，晚年吉，壽短，有福祿。有愛情厄。心中多煩憂。傷子。宜寅、午、戌生人用之。心情容易煩亂。	幼年、少年辛苦，中年平凡，晚年吉。性格剛烈，口快心直，子孫旺。宜『殺、破、狼』命格者用之。宜武職人用之。宜巳、酉、丑年生人用之。	清雅、有智勇，多巧智，中年吉，晚年昌順，可幸福之字。宜卯、亥、未年生人。傷子。

傑	谷	謹	高	瑟	貴
英雄格之字。有智勇、清雅、可榮貴，中年吉，晚年隆昌。不宜巳、酉、丑年生人。	清雅，可榮貴成功，環境好，有福祿，但有是非口舌。有二子。不宜蛇年生人用之。	清雅、可榮貴，義利分明，中年勞碌，晚年吉昌，環境佳。宜申、子、辰年生人用之。不宜蛇年生人用之。	一生清雅、有口福，中年勞碌，晚年吉。有口舌是非。宜寅、午、戌年生人用之。	清雅、秀氣，有理智。中年平凡，晚年昌順，子孫旺。有煩憂。宜卯、亥、未生人用之，不宜蛇年生人用。	伶俐、多巧智，中年勞碌奔波，晚年吉順。有名利。宜申、子、辰年生人用之。

坤	克	鋼	璣	啟	堅
清雅、多才、伶俐，中年多災厄，晚年吉順。刑偶傷子。宜巳、午、未、申年生者用之。	溫和者用之，一生平凡，多刑剋之字。有官貴之格，命硬，刑偶傷子。宜『殺、破、狼』命格者用之。	武官用之者吉。性剛烈，口快心直，中年勞碌，晚年吉順。刑偶傷子。宜巳、酉、丑年生人用之。	溫和、有才能，中年成功，官運旺盛。晚年勞神。有傷子之刑剋。不宜蛇年生人。宜卯、亥、未、戌年生人。有煩憂。	清雅，中年吉，有出國運，可榮貴。但身弱、壽短。刑偶欠子之格。宜寅、午、戌年生人用之。	官格旺盛，有出國運。清雅，可榮貴，有智勇，中年可成功。宜寅、午、戌生人用之。

江	烽	劍	鈞	健	昂
清雅，有才，女人用之性剛強。中年勞苦，多災厄，晚年吉。壽短，忌車禍、水厄。宜申、子、辰年生人用之，或命中缺水者用之。	溫和、多才、有巧智，適合工程界中發展。中年平凡，晚年隆昌。宜寅、午、戌年生人用之。欠子。	武官大吉。性剛烈、果斷，帶刀厄，中年勞碌奔波。有眼目之疾、神經疾病。晚年吉。宜『殺、破、狼』命格者用之。	官運旺盛，有學識、操守、清廉正直，可助人。清雅一生，能富貴享福之字。會刑偶，有刑剋。宜巳、酉、丑年生人用之。	官運旺盛，有智勇，廉潔正直，中年可成功，出外奮鬥大吉。不宜蛇年生人用之。	有出國運。中年可成功。清雅，榮貴，子孫旺。宜卯、巳、午、未年生人用之。
慶	**駒**	**乾**	**家**	**謙**	**懋**
出外奮鬥吉，可名利雙收。有智勇，多才幹，環境好。宜寅、午、戌年生人。有小煩憂。不宜蛇年生人用之。	秀氣，有才能，可榮貴，環境好，一生清雅。有愛情厄，有刀厄，刑偶。宜寅、午、戌年生人用之。	男子用此字，清雅榮貴，多才，壽長，中年吉，晚年昌隆。女子用此字，刑偶傷子，宜晚婚。宜午、巳年生人用之。	多才能，有巧智，出外奮鬥吉。忌車禍、水厄，晚年吉順。宜卯、亥、未年生人主吉。	外表貌美，善交際，口才佳，環境好，中年平順，晚年吉。宜申、子、辰年生人用之。	武官大吉，官運旺盛，有出國運。義利分明，智勇雙全，中年可成功。宜『殺、破、狼』命格用之。

關	嬌	潔	靄	虹	愚
性剛烈、清雅、有膽識，中年勞碌奔波，晚年昌順。宜『殺、破、狼』命格者用之。多煩憂。	一生多災厄，有愛情厄，刑偶傷子，守寡再婚，或多病、身弱、壽短，晚年吉。宜酉、丑年生人用之。多是非。	一生多憂心勞碌，或無成果，有愛情厄，多災，守寡，再嫁之格。宜申、子、辰年生人。不宜巳年生人用。	有貴人運，有智謀，中年吉，晚年昌隆，有福祿。宜申、子、辰年生人用之。	清雅、有才能、有出國運。中年可成功，刑偶，晚婚吉。宜巳年生人用之。	一生辛勞，中年多災，晚年吉，但多疾病。有煩憂。

月	葵	嶽	瓊	鵑	彥
一生平凡，晚年昌順。身弱、多災厄，刑偶欠子，晚婚吉。宜太陰坐命者用之，或夜生者用之較佳。	官運旺盛，秀氣、多才，環境好，清雅，中年可成功。宜卯、亥、未年生人用之。	官運旺盛，清雅，環境佳，中年可成功。忌車禍、水厄。宜寅、午、戌生人用之。	出外奮鬥吉，有才能、秀氣、溫和，中年勞碌，晚年昌隆。有愛情厄。宜卯、亥、未年生人用之，不宜巳年生人用。	清雅、有才能，中年多災，晚年吉。有愛情厄。宜酉年生人用之。	官運旺盛，廉潔公正，有名利，可成功。宜寅、午、酉、戌年生人用之。

欽	清雅，一生平凡，剋父命，中年勞碌奔波，晚年昌順。欠子。宜申、酉、戌年生人用之。
藝	溫和、有才能、理智。有出國運。中年吉，晚年昌順。宜卯、亥、未年生用之。
岡	清雅多才，性剛烈、果斷，中年勞苦，晚年吉。多憂心煩勞。宜寅、丑年生人用之。宜『殺、破、狼』命格者用之。
建	出外奮鬥為吉，環境好，但兄弟不和，中年可成功。宜巳、酉、丑年生人用之。
銀	有英雄豪傑之氣概，多才、清雅，環境好。刑偶傷子。女人用之有愛情厄和勞碌傷神之憂。宜巳、酉、丑年生人用之。
儀	溫和、良善、伶俐、有名利、勤儉、清雅，有財祿。不宜蛇年生人用。宜卯、亥、未年生人用之。
昆	清雅、多才、外貌英挺，有名利，中年可成功。宜寅、午、戌年生人用之。
界	孤獨格之字。外貌英敏，溫和，剋父，兄弟無靠。帶刀厄、刑剋。宜申、子、辰年生人用。
求	溫和、有才能、正直公正、精明幹練，中年可成功，晚年子孫旺。宜申、子、辰年生人用之。
嫻	溫和、秀氣，有出國運。勤儉，中年吉，晚年吉昌。一生清榮。宜寅、午、戌年生人用之。
皆	出外奮鬥吉，中年勞碌，晚年吉順。有刑剋，晚婚，遲得子主大吉。宜申、子、辰、酉年生人用之。
澥	聰穎，口才佳，伶俐，中年勞碌，晚年吉，一生清閒。水火相剋，心多煩憂。宜申、子、辰年生人用之。馬年生人亦可用。

槐	港	篤	顧	軌	竟
一生憂心，或奔波操勞無結果。懷才不遇。中年勞碌。宜卯、亥、未年人用之。宜空劫坐命者用之。	幼年、少年辛苦，中年勞碌奔波，晚年昌隆。多才幹。有雙妻之格。宜申、子、辰、巳年生人用之。	一生勞碌奔波，中年多災，晚年吉。宜寅、午、戌年生人用之。	清雅，有理智，中年勞碌，晚年吉。宜巳、酉、辰年生人用之。	溫和，有美德，中年勞碌，晚年昌順。教育界工作主大吉。忌車禍、水厄。宜寅、午、戌、巳年生人用之。	英敏，有才幹，宜工程界發展，出外奮鬥吉，晚年吉昌。宜寅、午、戌年生人用之。
楷	**頌**	**鏡**	**繼**	**京**	**奎**
出外奮鬥吉，中年勞碌奔波，晚年昌順。刑偶，晚婚得子主吉。宜卯、亥、未、戌年生人用之。	官運旺盛，學問豐富，中年可成功。忌車禍、水厄，宜申、子、辰年生人用之。宜命格中缺水者用之。	官運旺盛，多才能，出外打拚奮鬥吉，環境好，可榮貴。宜申、酉年生人用之。	有出國運。有膽識、公正、精明，中年可成功，有愛情厄，一生煩憂。宜巳、酉、丑年生人用之。	秀氣、有才幹，中年可成功，有財祿。不宜巳年生人用之。宜酉年生人用之。	有智勇、有福祿，中年吉，晚年昌盛。宜寅、午、戌年及丑、未年生人用之。

敬	出外奮鬥大吉，有出國運。名利、福祿皆有，清雅，可榮貴。欠子，有小災厄。宜卯、亥、未年生人用之。
期	清雅、多能、英敏、敦睦，環境好，中年吉，晚年昌隆。刑偶，宜申、子、辰年生人用之。
冠	幼年不順，辛苦，中年運改吉祥。出外奮鬥吉，一生清雅、秀氣。刑偶傷子。宜巳、酉、丑、戌年生人。
覺	性剛烈，口快心直，出外奮鬥吉，刑偶或欠子。中、晚年吉。宜申、子、辰年生人用之。
國	有巧智才幹，官運旺盛，教育界發展大吉。能成功。忌車禍、水厄。宜巳、酉、丑年生人用。
凱	性格剛烈、多才、有智勇，宜出外奮鬥，環境好，中年可昌順。宜巳、酉、丑年生人用之。
強	有才能、理智，中年勞碌奔波，晚年吉。官運旺盛。可榮貴。宜巳、酉、丑年生人用之。
廣	清雅、伶俐、多才。刑剋父母，身弱，中年勞碌，晚年吉。教育界發展主吉。宜巳、酉、丑、卯、亥、未年生人。
巍	性格豪爽、雄壯、清雅一生，中年勞碌，晚年吉。女人用之身弱、壽短。宜寅、丑年生人用之。
幹	溫和、多才能，宜技術格之人才主吉。環境好，有成功運，易與人有是非。宜巳、酉、丑年生人用之。

納音五行屬火的通用之字，官旺吉凶文字解析（以納音為五行）

鼎	植	添	祖	智
官運旺盛，有出國運，可成功昌盛之字。本性公正、有智勇、精明，可榮貴。宜寅、午、戌年生人用之。宜『陽梁昌祿』格者用之。	講信義、有名利，中年吉，晚年昌順。宜卯、亥、未、辰年生人用之。	為孤獨格。父母緣淺。中年多災，晚年吉，身弱、壽短。忌車禍、水厄。宜空劫坐命者用之。	官運旺盛，中年昌隆，晚年勞碌，多災厄。可清雅榮貴。有水厄。宜申、子、辰、酉年生人用之。	有吉凶兩面之象。吉配置者，官運旺盛，可榮貴、吉昌。凶配置者，壽短、多災，忌車禍、水厄。宜寅、午、戌年生者用之。
正	**利**	**適**	**力**	**徹**
官運旺盛，財亦旺盛。才智高，公正且精明。但刑偶傷子。宜卯、亥、未年生人用之。	少年不順，中年勞祿奔波，有名利，可成功。但有刀厄、刑偶傷子。宜寅、午、戌人用之。	出外奮鬥吉，中年昌祿，晚年勞碌。刑偶欠子，身弱有疾病。宜巳、酉、丑年生人用之。	孤獨格，少年不順，刑剋父母，中年可成功，有智勇。宜『殺、破、狼』命格者用之。	出外奮鬥主吉，環境好，中年勞碌奔波，晚年吉。清雅多才，欠子。不宜蛇年生人用之。

濤	多才能、清雅、身瘦。中年吉、環境好，晚年多病勞碌。宜申、子、辰年生人用之。
澄	英敏多才，中年平順，晚年吉昌，環境好。宜申、子、辰年生人用之。
娜	秀氣、靈巧、多姿，有愛情厄，晚年隆昌。宜巳、酉、丑年生人用之。刑偶，晚婚吉。
芝	豪爽、多才、有英雄氣概，出外奮鬥吉，有外緣桃花。可榮貴。宜卯、亥、未年生人用之。
爐	有智謀、有福祿，中年吉，晚年昌順。刑偶傷子。血光之災。宜寅、午、戌年生人用之。
芷	溫和、多才、環境好，中年可成功。宜卯、亥、未年生人用之。
達	出外奮鬥吉，多才，可榮貴，有出國運，有智勇，有名利，中年可成功。宜巳、酉、丑年生人用之。
毓	官運旺盛，學識好，有名利，有出國運。至外國發展亦佳。可榮貴。有小刀厄、憂煩。宜卯、亥、未年生人用之。
政	出外奮鬥吉，中年可成功，但有災厄，晚年勞碌傷神。英敏、多才。欠子。宜卯、亥、未年生人用之。
妮	秀氣、多才、伶俐。中年可成功。有出國運，環境好。宜巳、酉、丑年生人用之。
婷	溫和、多才、清雅，口快心直，中年昌盛，一生平順，有福壽，宜寅、午、戌年生人用之。
玲	清秀、可愛、有才能，有出國運，中年可成功。有愛情厄。宜卯、亥、未年生人用之。不宜巳年生人用之。

女	梁	禎	彰	直	霖
秀氣、伶俐，為孤獨格之字。環境尚可，刑偶欠子，姻緣不易，晚年勞碌。宜卯、亥、未年生人用之。	性格剛強，口快心直，中年奔波勞碌，晚年吉。有刀厄、刑偶，宜卯、亥、未生人用之。申、子、辰年亦可用。	聰穎、多才，中年可成功榮貴，環境好。宜天梁坐命者，或空劫坐命者用之。	有學識、多才、清雅，中年吉，晚年有名利。宜卯、亥、未、申、子、辰年生人用之。	有智勇、努力向上、多才能、環境好，可成功。宜申、子、辰年生人用之。	官運旺盛，有出國運，學問豐富，公正、精明，清雅榮貴之字。宜寅、卯、辰、亥、未年生人用之。
治	**濟**	**振**	**泰**	**齡**	**將**
多才能，中年可成功榮貴。女人用之，主薄倖，再嫁，刑偶欠子，多災。宜申、子、辰年生人用之。	官運旺盛，中年可成功榮貴，環境好。晚年勞碌傷神。宜申、子、辰年生人用之。	溫和、多才、清雅，中年可成功，雙妻之格。有二子。宜申、子、辰年生人用之主吉。	多才能、有智慧，中年可成功榮貴。晚年更昌盛。宜申、子、辰年生人用之。	溫和、慈祥、有德，中年勞碌，晚年昌盛。宜申、子、辰年人用之。不宜巳年生人用之。	環境好，可榮貴，但一生煩憂，身有疾、壽短。忌車禍、水厄。宜寅、午、戌生人用之。宜『殺、破、狼』命格者用之。

進	端	良	隆	澤	同
聰穎，出外奮鬥大吉，環境好。中年平凡，晚年奔波。刑偶傷子。宜巳、酉、丑年生人用之。	有智勇，多才能、清雅、榮貴、環境好，中年吉。宜寅、丑年生人用之。	出外奮鬥大吉，多才，可榮貴，口快心直，中年平順，晚年隆昌。女人用之刑偶傷子。	伶俐、小巧、可愛。為剋父命，中年勞碌奔波，晚年昌順。宜巳、酉、丑年生人用之。	官運旺盛，財運亦旺。有智慧、勇氣、學識豐富、有名利，可榮貴。宜申、子、辰年生人用之。	溫和、清雅、多才能，中年辛苦，晚年吉昌。刑偶欠子。宜巳、酉、丑年生人用之。
展	哲	棟	龍	能	連
聰明、多才、賢能，有出國運。中年可成功。宜寅、午、戌年生人用之。	有福祿，中年勞碌，可成功，宜工程界發展大吉。晚年昌順。有刀厄，口舌之災。宜寅、午、戌年生人。	官運旺盛，可榮貴。但一生憂煩傷神，刑偶傷子。晚年勞碌傷神，忌車禍、水厄。宜寅、午、戌、卯、亥年生人用之。	出外奮鬥吉。剋父命，中年多災潦倒。晚婚吉，刑偶。晚年亦平凡多災。宜申、子、辰年生人用之。	中年奔波勞碌，晚年吉。此字刑偶傷子，肺部不好。有愛情厄。壽短。命格金多、木多的人不可用。	出外奮鬥大吉，有貴人運，有名利，福祿亦佳。但女子用之多災，有不幸。宜巳、酉、丑年生人用之。

東	楠	全	祿	琅	子
多才幹、義利分明，中年可成功，刑偶，宜晚婚。宜寅、卯、亥、未年生人用之吉。	多才幹、有巧智，中年勞碌，晚年吉。刑偶傷子，環境好。宜寅、卯、午、戌年生人。	清雅、多才，有智慧，中年勞碌，可成功，有名利。忌水厄。宜巳、酉、丑年生人。	一生清雅、有理智，有福祿。剋父母，中年平凡，晚年吉。宜申、子、辰年生人用之。	清雅、口快心直，中年勞碌奔波，晚年昌隆成功。宜卯、亥、未年生人用之。	清雅、智勇，中年勞碌，晚年吉昌，女子用之溫和賢淑。但刑偶，有雙妻格。宜申、子、辰年生人用之。

洲	鈴	靈	琳	徽	雷
中年奔波勞苦，晚年昌順。剋父，刑偶欠子。孤獨格。身有暗病。雙妻之格。宜申、子、辰年生人用之。	聰穎、清雅，中年平凡，晚年吉，可幸福、榮貴。宜巳、酉、丑年生人用之。	義利分明，公正、精明，中年可成功，有名利，環境佳。宜空劫坐命者用之。宜『機月同梁』格者用之。	官運旺盛、學識豐，有出國運，能克己助人。宜卯、亥、未年生人用之。蛇年生人不宜用。	清雅，可榮貴，有出國運。學問豐，有名利。宜寅、卯、亥、未年生人用之，不宜蛇年生人用。	清雅、多才能，中年平凡，晚年昌順。刑偶傷子。宜申、子、辰年生人用之。

倫	官運旺盛，有出國運。有學識，可安富尊榮，但為孤獨格，六親無靠。不宜蛇年生人用之。
兩	中年吉，晚年隆昌，夫妻相合，有福壽，幸福。宜寅、午、戌年生人用之。
潮	清雅、多才、有智慧。中年勞碌，刑偶。晚年吉。宜申、子、辰、酉年生人用之。
嶺	有出國運。多才能、勤儉、忠厚。中年勞碌，晚年吉。宜寅、丑、辰、巳年生人用之。
蓮	配置吉者，多才能，有出國運，可隆昌。配置凶者，刑偶傷子，身弱有病，壽短。宜卯、巳、午、未年生人用之。
蘭	多才能，中年勞碌奔波，晚年吉順昌隆。女人用之有愛情厄，或身弱、壽短，忌車禍、水厄。宜寅、午、戌年生人用之。
圖	多才能、有理智，出外奮鬥大吉，中年吉順，晚年勞碌傷神。雙妻之格。有刑剋，宜巳、酉、丑年生人用之。
築	一生多憂煩，做事辛苦，沒有結果。中年勞碌奔波，晚年吉。刑偶，晚婚吉。宜卯、亥、未年生人用之。
臺	清雅、多才、講信義，做人堅實，有學問，中年吉，晚年吉昌。宜寅、午、戌年生人用之。
丹	一生平凡，性格剛直、果斷，與父母無緣，中年勞碌，晚年吉。宜寅、午、戌年生人用之。
略	聰穎，有福祿，義利分明，環境好，可榮昌。宜申、子、辰年生人用之。
朝	清雅、智勇，有名利，可榮貴，中年勞碌，晚年昌隆成功。宜辰、巳、子、亥年生人用之。

烈	島	爵	鍊	耐	詹
官運旺盛，出外奮鬥大吉，為豪傑之格，口直，中年勞碌，晚年吉。刑偶欠子，宜武職用之。宜寅、午、戌年生人用之。	聰穎、多才、清雅，中年奔波勞碌，晚年吉。宜巳、酉、丑年生人用之。	官運旺盛，財運亦旺。中年可成功榮貴。但刑偶傷子。宜巳、酉、丑年生人用之。	多才、忠厚，有出國運，中年可成功。女人用之薄倖。金木相剋，刑偶，有煩憂。宜卯、酉年生人用之。	清雅多才，一生勞碌奔波，憂心勞神，無成果，晚年吉。有刀厄。刑偶。宜申、子、辰年人用之。	武官，官運旺，聰穎、多才，有福祿。女人用之薄倖多災。宜申、子、辰年生人用之。
鑾	**立**	**來**	**至**	**積**	**羅**
中年勞碌，晚年昌順。有愛情厄、身弱、壽短。宜巳、酉、丑年生人用之。	幼年、少年不順，中年吉，身有病弱之軀，壽短。有二子吉，宜防車禍血光。宜巳、酉、丑年生人用之。	出外奮鬥吉，中年勞碌，或有牢獄之災，晚年吉。會晚婚，子遲。宜卯、亥、未年生人用之。	性格剛直，有英雄格，慷慨、多災厄。中年不順，晚年吉。宜寅、午、戌、丑未年生人用之。	溫和、聰穎、多才，白手成家，晚年吉。宜卯、亥、未年生人用之。	清雅、有謀略，中年勞碌多災，晚年吉。有血光刑剋。宜巳、酉、丑年生人用之。有憂煩。

裳	有出國運，聰穎，可榮貴，中年可成功。刑偶傷子，晚婚吉。宜巳、酉、丑年生人用之。
黛	性格剛烈，口快心直，中年有災厄及不幸。有愛情厄，身弱、壽短。宜寅、午、戌年生人或子、亥年生人用之。不宜巳年生人用。
蝶	秀氣、靈巧，中年吉，晚年勞碌傷神。有愛情厄，刑偶傷子。宜巳年生人用之。
柳	溫和、秀氣、多才、多情，中年能成功，自成家業，重恩情。宜卯、亥、未年生人。
調	多才、伶俐，有福祿，重信義，中年吉，環境好。女子用之刑夫。宜申、子、辰年生人用之。
璋	有理智、有財祿。有吉凶兩面之象。配置吉者，環境好，會昌隆。配置凶者短壽、多災厄。欠子。宜卯、亥、未年生人用之。
姹	溫和伶俐，中年吉，晚年昌盛。宜巳、酉、丑年生人用之。
露	秀氣靈巧，有福祿，中年平凡，晚年昌吉。有愛情厄。宜申、子、辰年生人用之。
梨	多才、清雅，中年有災厄，晚年吉昌，環境好。刑偶傷子。宜卯、亥、未年生人用之。
羚	官運旺盛，有出國運，學識豊，清雅，中年可成功。宜卯、亥、未年生人用之。
童	清雅、聰敏、多才，中年勞碌吉祥，晚年傷神、憂煩。宜巳、酉、丑年生人用之。
菱	多才能，出外奮鬥可發達，逢貴人相助可得財。中年吉，晚年勞神昌盛。宜卯、亥、未年生人用之。

媛	樂	筌	讓	勵	俊
溫和、秀氣，有才能，中年吉，出外奮鬥發達。晚年隆昌。宜巳、酉、丑年生人用之。	多才能，英敏賢達，有名利，子孫旺，中年吉，晚年昌盛，但多煩憂。宜卯、亥、未年生人用之。	清雅多才、伶俐，中年吉，晚年隆昌，子孫旺，宜巳、酉、丑年生人用之。	出外奮鬥吉，環境好，中年平凡，晚年昌順，有福祿。宜申、子、辰年生人用之。有是非口舌。	有聰明理智，有出國運，可榮昌發達。帶刀厄，刑偶，宜晚婚。宜寅、午、戌年生人用之。	出外奮鬥大吉，有名利，英敏多才，能和睦。中年可成功。不宜蛇年生人用。

鷺	陵	淡	從	定	典
溫和、秀氣、伶俐，中年可成功。晚年勞碌。宜巳、酉、丑年生人用之。	有智有勇，一生多災，有禍端，中年可成功，晚年有災厄。宜寅、丑、午、戌年生人用之。	一生暗淡無光，有不幸、多災厄，水火不濟，刑偶傷子，晚婚遲得子主吉。宜空劫坐命者用之。	清雅多才，離鄉發達。中年能成功。有興家，有福壽。此字不宜蛇年生人用之。	溫和、多才、樸素、節儉。中年可成功，晚年多疾勞神。刑偶傷子。宜巳、酉、丑年生人用之。	有膽識、智慧、勇氣。有出國運。中年會成功，但多煩憂。有腦部疾病。有血光之災。宜空劫坐命者用之。

鎮	有出國運，多才能、英敏之資，中年勞苦，晚年昌順。勤儉持家。忌車禍、血光、水厄。宜申、子、辰、酉年生人用之。
寧	聰穎、多才，有出國運，中年吉，晚年心煩。有血光災厄。宜寅、午、戌年生人用之。
日	有理智、勇氣、可成功。但刑剋父母，刑偶欠子之字。宜寅、午、戌年生人用之。
錢	外貌小巧、伶俐、多才，中年奔波勞碌，晚年吉。有刀厄、災禍。宜申、酉、戌年生人用之。
蕾	中年多災，晚年吉，外祥內苦，有憂煩。宜卯、辰、亥、未年生人用之。
呂	一生清雅享福，有衣食之祿，上下敦睦。中年身弱。有是非口舌。宜巳、酉、丑年生人用之。
念	出外奮鬥大吉，有貴人運，中年成功，晚年憂煩。不宜蛇年生人用之。
績	英雄格之字，秀氣、文雅，有出國運，可成功、榮貴。宜申、子、辰年生人用之。
志	性剛烈，心直口快，中年奔波勞碌，晚年可成功昌順。有煩憂。宜寅、午、戌、丑、未年生人用之。
男	外貌英俊，多才，中年平凡，晚年有吉慶。有刀厄、刑偶欠子，晚婚，遲得子主大吉。宜寅、午、戌年生人用之。
麟	官運旺盛，清廉公正，可榮貴。有出國運。中年可成功。宜『陽梁昌祿』格者用之。
傳	出外奮鬥吉，多才，中年平凡，晚年勞神，多疾厄。欠子，不宜蛇年生人用之。

帝	外貌英俊、美麗，英雄格。多才、中年吉，有福祿，可榮貴。宜寅、午、戌年生人用之。
朗	聰明、有巧智、和睦，中年可成功幸福。宜卯、亥、未年生人用之。
池	離鄉打拚可成功。環境好，中年平凡，晚年事業昌隆。有病災、劫財、刑偶欠子。宜申、子、辰、巳年生人用之。
桐	中年勞碌奔波，晚年安享榮華。刑偶傷子，有雙妻之格。宜卯、亥、未年生人用之。
媛	溫和、秀氣、伶俐，中年吉，出外奮鬥大吉。晚年昌盛。宜巳、酉、丑年生人用之。
土	技術格大吉之字。有貴人運。環境好，可成功。宜寅、午、戌、丑、未、辰年生人用之。
恕	清雅多才，但無運，容易懷才不遇，或潦倒。晚年吉。容易心口不一。宜巳、酉、丑年生人用之。
地	中年昌隆，一生清雅，有病災和劫財。刑剋父母、刑偶欠子，晚年吉。宜巳、酉、丑年生人。
重	清雅，可成功，有富貴。宜寅、午、戌年生人用之。
瑭	溫和、多才、勤儉，中年吉，一生清雅平凡。不宜蛇年生人用之。
丁	中年勞苦，晚年吉祥，身弱多災厄，一生憂心勞神煩憂。晚年吉祥順利。宜寅、午、戌生人用之。
練	能成功隆昌，有福祿，克己助人，環境好。女子小心有愛情厄，不吉。宜寅、卯、辰年生人用之。

納音五行屬土的通用文字，官旺吉凶文字解析（以納音為五行）

軒	永	友	洪	易
秀氣、清雅、多才、伶俐，中年吉昌，忌車禍、水厄。刑偶傷子，晚婚吉。老年身弱有病。宜申、子、辰、酉年生人用之。	出外奮鬥吉，有貴人運而得財，剋父，中年奔忙，晚年運佳，可成功。宜申、子、辰年生人用之。	有理智、講義氣、重情。中年奔忙勞苦，可成功。不宜蛇年生人用之。	溫和清雅、伶俐，中年不順、潦倒、困苦，晚年昌順。宜申、子、辰年生人用之。	多才、有巧智、勤儉，可白手起家，能成功。宜寅、午、戌年生人用之。
音	**有**	**佑**	**偉**	**衡**
出外奮鬥吉，中年勞碌奔波，晚年吉。刑偶，晚婚遲得子吉，有雙妻之格。宜寅、午、戌年生人用之。	性剛直，中年勞苦，晚年昌順。一生清雅。為半財之格，宜申、子、辰年生人用之。	宜工程界發展之人士。公正、精明、助人為善、環境佳、有名利、可成功。不宜蛇年生人用，有是非口舌。	清雅、多才，有智慧，中年可成功，晚年傷神勞碌，有愛情厄。不宜蛇年生人用之。刑偶傷子。	清雅、聰敏、保守。中年吉，晚年勞神辛苦。刑偶傷子。宜寅、午、戌年生人用之。

育	洋	翁	瑩	祂	蓉
清雅、英挺、義利分明、公正、精明，中年可成功。宜申、子、辰年生人用之。	清雅、多才能，中年吉祥隆昌，刑偶欠子，薄倖。宜未、申、子、辰年生人用之。	溫和多才能，中年有苦有樂，晚年吉。宜巳、酉、丑年生人用之。	有出國運，有名利，中年成功昌隆。宜寅、卯、午、戌年生人用之。	多才、有智慧，中年可成功，晚年勞碌傷神。刑偶。宜辰、午年生人用之。	溫和、多才，有出國運，有福祿，中年可成功。有口舌是非。宜卯、亥、未年生人用之。

勇	雍	威	延	苑	榮
多才能，中年勞碌，晚年吉，刑偶傷子，有刀厄，忌車禍、血光、水厄。宜寅、午、戌年生人用之。	性剛烈、果斷，有智謀勇氣，中年可成功，晚年勞神，有車禍、血光、水厄。宜巳、酉、丑年生人用之。	性剛直、口快，有智勇，中年勞碌奔波，晚年可成功，有刀厄、刑剋。宜寅、午、戌年生人。	英雄格，有豪氣，多才能，官格旺盛。中年奔波後成功。宜巳、酉、丑年生人。	秀氣、聰敏、義利分明，有貴人運。中年可成功，能享福。宜巳年、卯年生人用之。	有吉凶兩面之象。配置吉者，能清雅榮貴成功。配置凶者，易殺人被殺，在牢獄中或惡死、凶亡。此字宜寅、午、戌年生人用之。

宥	慈善有德，能安然享福，中年吉，晚年隆昌。宜申、子、辰年生人用之。
兆	有出國運，聰穎、清雅、榮貴，中年可成功，有名利，忌車禍、水厄。宜巳、酉、丑年生人用之。
遠	溫和、勤儉、忠厚，少年辛苦，中年漸佳。忌車禍、水厄、壽短、憂煩。宜蛇年生人用之。
養	善良、忠厚、義利分明、勤儉、環境好、有福壽。子孫興旺。宜卯、亥、未年生人用之。最宜羊年生人。
英	聰明、有器度，有出國運，中年能成功昌盛。有愛情厄。宜卯、亥、未年生人用之。
溫	清雅、多才能，中年吉，晚年多疾勞碌傷神。刑偶傷子。宜申、子、辰、寅、午、戌年生人用之，亦有血光刑剋。
羊	清雅、溫和、中年奔波，晚年吉祥。刑偶傷子，晚婚遲得子大吉。宜卯、亥、未年生人用之。
用	溫和、機警，但一生憂心勞神。中年奔波後可成功。宜申、子、辰年生人用之。
慰	清雅、智勇，中年憂煩，晚年吉，一生多憂慮。自刑。刑偶，宜晚婚。宜巳、酉、丑年生人用之。
酉	中年多災厄，晚年可隆昌，病弱、壽短之象。早年刑偶傷子，晚婚遲得子大吉。宜巳、酉、丑年生人用之。最宜酉年生人。
維	財官兩旺之字。公正、精明、能克己助人。有出國運，中年可成功、榮貴。宜巳、酉、丑年生人用之。
陰	清雅、有才、環境好、有福壽。女人用之有不幸災禍，守寡。宜寅、丑年生人用之。

運	雨	琰	尹	以	宇
出外奮鬥吉，官運旺盛，有出國運，環境好，有福祿。小心車禍、水厄。宜巳、酉、丑年生人用之。	幼年不利，多才伶俐，剋父母。中年可成功昌順。有福壽。宜『殺、破、狼』命格者用之。宜申、子、辰年生人用之。	性格剛直、果斷、清雅多才，中年吉祥努力發達。晚年多災勞神。宜寅、卯、午、戌年生人用之。	多才多藝、清雅、伶俐、有智勇，可榮貴。宜巳、酉、丑年生人用之。	伶俐、清閒、聰明、享福，中年可成功。欠子。刑偶。宜申、子、辰年生人為宜。	有理智、清雅、平凡一生，中年勞苦奔波，晚年吉。忌車禍、水厄。刑偶傷子。宜申、子、辰年生人用之。
園	**耀**	**瑋**	**筱**	**祐**	**湞**
官運旺盛，財運亦旺，清雅可榮貴，有文士之風，中年可富貴成功。宜巳、酉、丑年生人用之。	清雅、聰穎、多才能，有出國運，中年可成功昌隆。宜巳、酉、丑年生人用之。	官運旺盛，有出國運，伶俐、清雅、多才，中年吉，晚年昌盛。宜卯、亥、未年生人。有口舌是非。	出外奮鬥大吉。秀氣、靈巧、多才能，中年吉，晚年昌盛，幸福。宜卯、亥、未年生人。不宜蛇年生人。	工程界發展大吉。公正、精明、環境好，能克己助人，有名利，能成功。宜蛇、申、酉年生人用。	有理智、才能、有名利、福祿。能成功榮貴之字。宜申、子、辰年生人用之。

幼	一生多災厄、難關。常有不測之災，無法幸福，晚年才吉。有刀厄、刑偶傷子。宜寅、午、戌年生人用之。
淵	溫和、慈祥、有理智、環境好、有福壽，可安享富貴。宜申、子、辰年生人用之。
怡	溫和、清雅、秀氣，中年有災厄，晚年吉。刑偶傷子，多憂煩，有口舌是非。宜寅、午、戌年生人用之。
囿	官運旺盛，財運亦佳。中年隆昌，吉祥，有福祿，能享福。宜巳、酉、丑年生人用之。
游	清雅伶俐、性格樂天，中年勞苦，晚年吉。有名有利。宜申、子、辰年生人用之。
譽	官運旺盛，環境好，白手起家，有福祿，可榮貴。宜申、子、辰年生人用之。
野	溫和、清雅，中年吉，晚年昌盛，但多疾病，勞碌傷神。有刀厄、刑偶、傷子。宜申、子、辰年生人用之。
愛	出外奮鬥吉，多才伶俐，中年勞碌，晚年吉。清雅之字。宜寅、午、戌年生人用之。宜空劫坐命者用之。
逸	有智、有勇，一生奔波勞苦或懷才不遇，晚年隆昌。宜空劫坐命者用之。宜巳、酉、丑年生人用之。
蔚	官運旺盛、清雅、秀氣，有出國運，能成功昌隆之字。有刀厄、刑偶欠子。宜卯、亥、未年生人用之。
陽	清雅、可榮貴。多才、有巧智。中年勞碌，晚年昌順。環境好。宜丑、寅、午、戌年生人用之。
嫵	溫和、清雅、伶俐、秀氣，中年吉昌，環境好。宜卯、巳、午年生人用之。

禹	艷	由	余	演	於
聰明、有才但無運，刑剋父母，有傷子之厄，晚年吉順。宜寅、午、戌年生人。	多才、秀氣、伶俐、中年吉，晚年昌順，有愛情厄。宜蛇年生人用之。	英雄格，豪爽、清雅、多才、中年勞苦，晚年隆昌。刑偶，有雙妻格。宜申、子、辰年生人用之。	聰穎、有名利，中年可成功，晚年享福。不宜蛇年生人用之。	清雅多才，中年吉，晚年勞碌、傷神、刑偶、水火不容、相剋。宜子、寅、辰、午、申、戌年生人用之。	中年昌吉，晚年勞碌傷神。一生憂煩、多災厄、刑偶，晚婚吉，有二子。宜寅、午、戌年生人。不宜蛇年生人。
櫻	**詠**	**燕**	**豫**	**輿**	**協**
秀氣、清雅，中年奔波勞苦，晚年昌吉，環境好。有愛情厄。宜寅、卯、辰、巳年生人用之。	官運旺盛，財運不佳之字。有智勇、有名利，中年可榮貴。宜申、子、辰年生人用之。	聰穎、多才，中年吉，晚年隆昌，忌車禍、水厄，宜寅、卯、午、戌、未年生人用之。	中年勞苦，晚年吉。一生憂煩傷神，有愛情厄。身弱、壽短。宜卯、亥、未年生人用之。	清秀、勤儉、英敏、忠厚、環境好，有福祿。忌車禍、水厄。宜寅、午、戌年生人用之。	清雅、伶俐，中年勞碌，晚年吉順隆昌。刑偶欠子，宜寅、午、戌年生人用之。

苡	秀雅、多才、和睦，有出國運，中年可成功。宜卯、亥、未年生人用之。
亞	有才能、公正、精神，中年可成功。女人用之，少年不利，有災厄。宜巳、酉、丑年生人。
優	出外奮鬥大可有成功。清雅，刑偶傷子，晚年吉順。女子用之，守寡、再嫁之字。宜申、子、辰人用之，不宜蛇年生人用。
允	天資聰穎，自立更生，出外奮鬥吉，有貴人運相助得財。為孤獨格，六親無靠，白手起家。宜巳、酉、丑年生人用之。
壑	官運旺盛，可榮貴，清雅、多才、環境好、天資聰穎。宜寅、午、戌、丑、未年生人。
活	秀氣、伶俐，中年成功，晚年勞神，有福祿，宜申、子、辰，蛇年生人用之。
益	帶血字剋父命，清雅伶俐，中年有災，晚年吉，身弱有目疾。宜丑、未、戌年生人用之。
印	幼年不順辛苦，清雅，中年可成功，晚年勞碌傷神。刑偶傷子，宜卯、亥、未、丑、戌年生人用之。
餘	多才能，中年平凡，舉止闊綽，環境好，老年吉。宜寅、午、戌年生人。
宛	多才、秀氣、溫和伶俐，出外奮鬥吉，可清雅得幸福。宜巳、酉、丑年生人用之。
悠	多才、伶俐、有巧智，中年吉，勞碌，晚年昌盛勞神。不宜蛇年生人用之。多憂煩。
況	中年多災、潦倒，奔波勞苦，病弱、壽短，晚年可吉。宜申、子、辰年生人用之，仍有刑剋。

奧	多才，中年吉，晚年勞祿傷神。宜寅、午、戌年生人用之。
央	多才、有巧智、清雅、可榮貴，中年有愛情災厄，晚年昌隆。宜寅、午、戌年生人用之。
瀠	性剛烈，口快心直，多才、清雅，中年勞碌奔波，晚年昌順。宜寅、午、戌年生人用之。水火相剋，有憂煩。
應	外表祥和、內憂煩，刑偶傷子，或懷才不遇，中年勞碌，奔波，晚年吉。宜巳、酉、丑年生人用之。
鶯	秀氣、多才，出外奮鬥吉，中年勞碌奔波，晚年隆昌，刑偶傷子。宜巳、酉、丑、午年生人用之。
翕	溫和清雅、公正、精明幹練，中年平順，晚年幸福。宜巳、酉、丑年生人用之。
為	清雅秀敏，中年勞苦奔波，潦倒，晚年吉。宜寅、午、戌年生人用之。
肴	性格剛直，口快心直，中年勞碌，晚年吉。身弱、有病災、刑偶，晚婚吉。宜申、子、辰年生人用之。仍有刑剋。
誕	出外奮鬥吉，有貴人運，中年平凡，晚年吉，一生清雅。宜申、子、辰、巳年生人用之。
瑕	出外奮鬥吉，秀氣、溫和、伶俐、中年勞碌，晚年昌盛。宜卯、亥、未年生人。不宜蛇年生人用。
猶	多才，有英雄豪爽氣概，中年勞碌奔波，晚年隆昌。宜寅、午、酉、戌年生人用之。
婉	秀氣，有才能理智，有出國運。中年可成功昌盛。宜巳、酉、丑年生人用之。

伊	有理智、清雅，可榮貴。中年成功昌盛，上下和睦。宜申、寅、午、戌年生人用之。不宜蛇年生人用。
穎	忠厚、勤儉、有學問，中年吉昌，晚年勞碌、憂煩。宜申、子、辰年生人用之。不宜蛇年生人用之。
阿	一生奔波勞碌，憂心勞神，身弱多病。晚年才吉，可享子福。刑偶，下賤之字，不吉。宜寅、丑、戌年生人用之。有刀厄。
曜	忠厚、多才、勤儉，中年平順，晚出昌盛，環境好。宜午、巳、酉、丑年生人用之。
歐	清雅、英敏、二十九歲至三十一歲小心有災厄，晚年吉，欠子刑偶。宜空劫坐命者用之。
遊	出外奔波潦倒，流浪之格，刑偶傷子，晚年稍吉，一生平凡之命，宜蛇年生人用之。

紫微幫你找工作

『男怕入錯行，女怕嫁錯郎』。
現在的人都怕入錯行。
你目前的職業是否真是適合你的行業？
入了這一行，為何不賺錢？
你要到何時才會有自己滿意的收入？
法雲居士用紫微命理幫你找出發財、升官之路，並且告訴你何時是你事業上的高峰期，要怎麼做才會找到自己有興趣的工作？
要怎樣做才能讓工作一帆風順、青雲直上，沒有波折？
『紫微幫你找工作』就是這麼一本處處為你著想，為你打算、幫助你思考的一本書。

第三章　喜用神關係著姓名中之五行生剋

當一個命理師為人取名字的時候，首先會要求託付者提供要取名字的人之生辰八字，也就是需要命名者的生辰時間，以及姓氏。

生辰時間在命名時是個首當其要的重要資料。這也是一個重要的資訊。命理師可以從這個人的生辰時間中看到此人的一生、相貌、未來的成就、身體的好壞、六親緣份的親疏，以及婚姻及後代子孫多寡等問題。並以此用來做修正命名時，改運、增運條件的資料。當然，生辰八字中剋煞多的，命理結構問題就多。剋煞少的，一生財祿幸福就會較圓滿。

天下沒有十全十美的生辰八字。而八字中也一定要有剋煞，才能形成財、官。也才能主貴、主富。也才會有妻子、兒女。男子命中要有正財，才會有妻子。女子命中要有正官才會有姻緣夫婿。因此剋煞並不是完全不好的。只有極凶的剋煞，造成親情的對立和傷殘、死亡才是不好的剋煞。生辰八字的命理結構五行需要平衡。當五行命理結構無法平衡時，我們就要找出一個可以平衡的命理結構的五行（金、木、水、火、土）中的一個關鍵要素出來，這就是命理學中所稱的『喜用神』。這很像我們在中學學數學代數，演算到最後，有一個未知數X，最後被換算出來的情況。

『喜用神』是每個人命格的精髓。它也是你的磁場方向。同時也是你最最需要的靈體精神食糧。

『喜用神』的找法非常繁複，要精通八字命理的人，較能得心應手。一般人可請教命理師代尋。通常去算過命的人，算命師都會告訴你，你的喜用神為何了。也就是命理師告訴你：你的吉方、財方是什麼？或是你的命中缺什麼五行？那就是你的喜用神了。《欲自學選取喜用神的人，請看法雲居士所著『如何選取喜用神』一套三冊書》。

『喜用神』是你命理格局中的藥，能補足命理上的缺憾，自然也就是幫助你生財、生運的最佳助力。所以在取名字的時候，最重要的就是要選合於喜用神的文字，和合於喜用神的筆劃數，那就是最好的、最適合你的名字了。所以『喜用神』是在取名字時最關鍵的條件。它可以補你運和補你的財。利用五行生剋制化的原理來增加你的運氣的氣數。這就不是一般人只看到字好看、好聽，便拿來用，絲毫不計較後果，而產生對自己一生生命的制肘，所能相提並論的了。

有了『喜用神』，最好還能和姓氏配合。『喜用神』能夠和姓氏配合完美的人，自然和祖上、父母有良好的關係，並且也可得自祖上傳承的福祿。『喜用神』和姓氏配合不良的人，也就和父母緣淺、淡薄，得自父母的福蔭照顧和財祿也就少了。

例如有一位朋友的生辰八字是戊戌、乙丑、甲午、庚午。喜用神是丁火。行東南木火運生旺。紫微命格中命宮主星是火星坐命未宮的人。其人姓名是許水泉。

字	筆劃	格
		天格 12 木
許	11	
		人格 15 土
水	4	
		地格 13 火
泉	9	
		外格 10 水
		總格 24 火

八字：

偏財	戊戌	偏財
劫財	乙丑	正財
日主	甲午	傷官
七殺	庚午	傷官

此位朋友命中屬火，也需要有火來助運。日主用木之人，生於丑月、隆冬之月，需要有火來解凍，才有生機。幸而四柱支上午戌會火局，有庚金出干，支上午中藏丁火，有小富貴。支上會火局，以主貴為主。臘月生甲木之人，必須有火來溫暖才會生發。此人姓氏中『許』字有『午』，尚吉。名字第一個字是水，第二個字『泉』中是『白』和『水』之結合。白色五行主『金』，金會生水，故此名字中水多，和本命中所需要之喜用神為相剋的，故為不佳之名。姓名中第一個姓氏字代表前二十歲以前的運程，第二個字，代表中年二十年的運程。第三個字代表老年以後的運程。

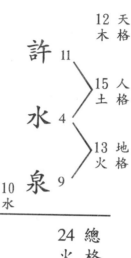

許水泉先生 命盤

夫妻宮 天梁 祿存 天空 丁巳	兄弟宮 七殺 擎羊 戊午	6－15 命　宮 火星 天鉞 〈身宮〉 己未	父母宮 廉貞 天刑 庚申 16－25
子女宮 紫微 天相 文昌 陀羅 丙辰			福德宮 鈴星 辛酉 26－35
財帛宮 天機化忌 巨門 左輔 乙卯			田宅宮 破軍 文曲 壬戌 36－45
疾厄宮 貪狼化祿 甲寅	遷移宮 太陽 太陰化權 天魁 乙丑 66－75	僕役宮 武曲 天府 台輔 甲子 56－65	官祿宮 天同 右弼化科 天馬 癸亥 46－55

此人第二個字『水』字的人格屬土，和外格屬水相剋，會有腰腎的毛病，亦會有肝腎的問題，腎水不足。

從此人的八字之中，我們可以看到其喜用神丁火藏在日支和時支之中，因此和配偶、子女的關係是非常和諧有情的。現在我們由紫微命盤中再得以肯定。

由上述資料可知，喜用神的宜喜之方，就是人的財方、吉方。順應喜用神需要的姓名就是好姓名。與喜用神相剋的名字皆會造成人的不順、財少，也會有受傷、血光、病痛、災厄發生。所以我們在規劃姓名時，先看此人命格中的優點，例如命格是主貴的，貴也可致富。命格中是主財的，用財來致貴，這些都是用命格優點來發展出更利於自己的氣運。當然『喜用神』就是一個精神指標，和趨吉的磁場方向了。這是每個人在選名字的時候無法遺漏的法則。

第四章 姓氏和生肖的關係

人之姓氏和生肖（出生年份）有密切的關係。生肖和姓氏的五行屬性最好在三合之位。倘若姓氏字中藏有五行（金、木、水、火、土）的時候也最好能和生肖形成三合，如此才算吉度。

姓氏和生肖能相搭配的人，必然和父母、長輩的關係融和、親密。以後出外工作，和上司、長上好關係才會好。有貴人運來幫忙。一生比較順利。

姓氏和生肖形成相剋局面的人，會比較叛逆，不服父母、長輩的管教。或是和父母、長輩無法溝通，幼年辛苦，要靠自己的努力來奮鬥打拚，沒有貴人運。一生也較辛苦。

當然，人之姓氏是固定的，不能更改的，所以姓氏和自己命格不合的人，有些痛苦，這也是沒有辦法的事情。不過你可以在替自己的子女命名時，注意此問題，以改善親子關係。某些人認為姓氏和生肖年份不合的人，可以重拜姓，認乾爹、乾媽來改善姓氏對自己不吉的問題。可是我覺得此法並不見得有效。除非你過繼改姓，否則你仍姓原來的姓氏，相差不多。只不過多了一個、二個長輩關係而已。最重要的是：當你知道和父母輩的關係不夠親密時，要自己改變性格，多溫順，盡孝一點，容忍一點。如此自然容易得到父母的關心、體諒。親情就會加深，和父母和諧相處的人，自然貴人運就會有了。

現在茲將百家姓的姓氏五行，內含五行，和適宜的生肖五行做一番解析，讓大家瞭解每一個姓氏所有利的生肖年份，以便為後人選生辰八字之用。

以百家姓五行所屬、字劃數五行歸屬、內藏五行歸屬、跟生肖之關係解析

姓氏	五行納音	字劃數五行	生肖宜剋
趙	火	14 火	宜寅、午、戌年生人。不宜申、子、辰年生人。宜蛇年生人。
孫	金	10 水	字中藏子水。利於申、子、辰年生人，不利寅、午、戌年生人。
周	金	8 金	宜巳、酉、丑、申年生人，不利卯、亥、未年生人。不宜蛇年生人。
鄭	火	15 土	宜寅、午、戌年生人及蛇年生人。不宜申、子、辰年生人。

姓氏	五行納音	字劃數五行	生肖宜剋
錢	金	16 土	字內藏金，有戈刀。宜巳、酉、戌、申年生人。不宜寅、午、卯年生人。
李	木	7 金	此字中藏木、子，筆劃數為金，宜寅、卯、亥、未、申、子、辰年生人。不利午、戌年生人。
候	水	9 水	宜申、子、辰年生人。不宜寅、午、戌年生人。
王	土	4 火	利於寅、卯、午、戌年生人。不利申、子、辰年生人。

高	張	金	柏	呂	馮
水	火	金	木	火	水
10 水	11 木	8 金	9 水	7 金	12 木
宜申、子、辰年生人。不宜寅、午、戌年生人。	宜寅、巳、午、未年生人。不宜申、酉年生人。	宜巳、酉、申年生人。不宜卯、亥、未年生人。	字中藏木。宜卯、亥、未年生人。不宜寅、巳、丑年生人。	宜巳、戌年生人。不宜卯、亥年生人。	字中藏馬、水，宜午年、亥年、寅年生人。不宜申、酉年生人。

霍	吉	凌	盛	田	衛
木	木	火	金	火	土
16 土	6 土	10 水	12 木	5 土	16 土
字中藏雨、隹，宜巳、酉、丑、辰年生人。不宜寅、午、戌年生人。	宜寅、辰、未年生人。不宜申、酉、亥年生人。	字中帶水字，是水火相剋之字，宜巳、酉、丑年生人。不宜卯、未年生人。	此字帶刀厄三刑主戌年，宜巳、亥、戌年生人。不宜申、子、辰、午、未年生人。	宜寅、午、戌年生人。不宜申、子、辰年生人。	利於寅、午、戌、丑、未、戌年生人。不利申、子、辰年生人。

崔	家	裴	景	翁	葛
金	木	水	木	土	木
11 木	10 水	14 火	12 木	10 水	13 火
字中藏山、隹，宜寅年生人，有人部不宜蛇年、亥年生人。	宜豬年生人。不宜蛇年生人。	宜卯、亥、未年生人。不宜巳、酉、丑年生人。	宜卯、未、午年生人。不宜申、酉年生人。	宜丑、辰、申、酉年生人。不宜午、未年生人。字中羽字藏雞酉。	宜卯、寅、午、未年生人。不宜申、酉年生人。

龍	鍾	駱	宋	路	龔
水	金	火	金	火	木
17 金	17 金	16 土	7 金	12 木	22 木
宜申、子、辰年生人。不宜寅、午、戌年生人。	宜巳、酉、丑年、申年生人。不宜卯、亥、未年生人。	宜寅、午、戌年生人。不宜申、子、辰年生人。	字中藏木，金木相剋，宜寅、卯、酉、戌年生人。但有相剋。	宜寅、巳、午、戌年生人。不宜申、酉年生人。	字上有龍字，宜辰年生人，宜卯、亥、未年生人。不宜巳、酉年生人。

祝	郡	卓	白	闞	廖
金	金	水	水	木	水
10 水	8 金	8 金	5 土	16 土	14 火
宜申、子、辰年生人。不宜寅、午、戌年生人。	宜巳、酉、丑、戌年生人。不宜寅、卯、辰、未年生人。	宜巳、丑、午、酉年生人。不宜寅、卯、巳、未年生人。字中有日帶火。	宜申、辰、酉年生人。不宜寅、卯、巳年生人。	宜寅、午、戌年生人。不宜巳年生人，及申、子、辰年生人。	宜巳、酉、丑年生人。不宜卯、亥、未年生人。
卞	賀	劉	武	巴	荀
水	木	火	水	水	金
4 火	12 木	15 土	8 金	4 火	10 水
宜寅、卯年生人。不宜酉、丑年生人。	宜寅、卯、辰、亥、未、戌年生人。不宜巳、酉、丑年生人。	字中有卯、金、刀，宜卯、酉、戌年生人。不宜子、辰年生人。	武中藏刀，三刑。宜申、子、辰、戌年生人。不宜寅、卯、未年生人。	巴字中藏巳，故宜巳、酉、丑年生人。不宜卯、未年生人。	字中有草頭和日。宜卯、午、申、戌等年生人。不宜巳、未年生人。

季	龐	戴	湯	甄	羿
木	水	火	火	金	木
8 金	20 水	18 金	12 木	14 火	9 水
宜卯、酉、申、子、辰年生人。不宜亥年生人。	宜辰、巳、子、申、亥年生人。不宜午、未、戌年生人。	字中有土有刀刑。宜巳、酉、丑、戌年生人。不宜卯、亥年生人。	字中有水、日，宜寅、辰、午、未、子年生人。不宜巳、酉、戌、亥年生人。	字中有西、有土，宜巳、午、未、申、酉年生人。不宜子、寅、卯、辰年生人。	字中有羽屬雞酉。宜酉年、申、亥年生人。不宜巳、丑年生人。
黃	常	商	狐	易	簡
木	金	金	土	土	木
11 木	11 木	11 木	8 金	8 金	18 金
宜卯、亥、未年生人。不宜巳、酉、丑年生人。	宜巳、酉、丑、戌年生人。不宜午、申年生人。	宜辰、亥年生人。不宜巳、戌年生人。	字中有犬、有爪，宜卯、戌年生人。不宜巳、酉、丑年生人。	字中有日帶火。宜巳、午、未、戌年生人。不宜子、卯、亥年生人。	字中有竹頭，字中有日。宜卯、午、未、酉等生人。不宜申、子、辰、亥年生人。

段	伍	杜	汪	夏	邢
火	木	火	土	木	木
9 水	6 土	8 金	7 金	10 水	7 金
宜丑、未、辰年年生人。不宜蛇年生。	字中有五，屬土，宜寅，午、戌、丑、未年生人。不宜巳、亥、申、酉年生人。	字中有木、土。宜寅、卯、巳、午、來、戌年生人。不宜亥年生人。	宜申、子、辰年生人。不宜巳、午、未年生人。	宜辰、巳、亥年生人。不宜午、未年生人。	字中右耳為邑，屬蛇字。宜巳、酉、丑年生人。不宜申、子、辰年生人。
吳	康	姚	寇	孟	曾
木	土	土	木	水	金
7 金	14 木	9 水	11 木	8 金	12 木
宜辰、午、酉、戌年生人。不宜卯、巳、未年生人。	字中帶水，宜辰、子、丑、亥年生人。不宜申、酉年生人。	宜巳、酉、丑年生人。不宜卯、未年生人。	宜卯、亥、未年生人。不宜申、子、辰、酉年生人。	宜申、子、辰、戌年生人。字中有皿，為刑剋血光，屬戌。不宜寅、卯年生人。	宜寅、巳、午、戌年生人。不宜辰、子、亥年生人。

傅	狄	顏	蔡	洪	閻
水	火	木	金	木	土
12 木	7 金	18 金	15 土	9 水	16 土
宜申、子、辰、亥年生人。不宜巳年生人。	字中有犬火，宜寅、午、戌年生人。不宜子、辰年生人。	字中頁字屬龍。宜辰、酉、子、亥年生人。不宜寅、巳年生人。	宜卯、亥、未、丑、酉年生人。不宜巳年生人。	宜申、子、辰年生人。不宜寅、午、戌年生人。	宜丑、未、辰、戌年人，或寅、午年生人。不宜卯、亥、申、酉年生人。
何	潘	謝	魏	賴	莊
木	水	金	木	火	金
7 金	15 土	17 金	18 金	16 土	11 木
宜卯、亥、未、酉、戌年生人。不宜蛇年、午年、虎年生人。	宜申、子、辰年生人。不宜寅、卯、巳、亥年生人。	宜申、子、辰、酉年生人。不宜卯、巳、午、未年生人。	宜巳、酉、丑年生人。不宜寅、午、戌年生人。	宜寅、午、戌、丑、未年生人。不宜申、子、辰、巳年生人。	字中帶草、土。宜卯、未、丑、辰年生人。不宜子、亥年生人。

甘	靳	連	胡	雷	馬
木	木	火	木	火	水
5 土	13 火	10 水	9 水	13 火	10 水
宜寅、午、戌年生人。不宜申、子、辰、亥年生人。	宜寅、午、戌年生人。不宜申、子、辰年生人。	有走部和車字，宜蛇年、申年生人。不宜卯、酉年生人。	宜申、子、辰、亥年生人。不宜寅、巳、酉年生人。	字中有雨，宜申、辰、子年生人。不宜卯、午、未、亥年生人。	馬字屬午，宜午年生人用之。不宜卯、亥、未生人。
古	岳	葉	邱	紀	顧
木	木	土	木	木	木
5 土	8 金	13 火	8 金	9 水	21 木
宜寅、午、戌年生人。不宜申、子、辰、亥年生人。	字中有山為艮，宜寅、丑年生人。不宜卯、辰年生人。	字中有木草。宜卯、亥、未、寅年生人。不宜申、酉、戌、亥、巳年生人。	宜巳、酉、丑年生人。不宜申、子、辰、亥年生人。	字中有己屬蛇。宜巳、酉、丑年生人。不宜寅、午、戌年生人。	宜辰、卯、亥、未年生人。字中有隹，宜酉年生人。不宜申、子、午年生人。

彭	史	方	江	董	童
水	金	土	木	火	火
12 木	5 土	4 火	6 土	13 火	12 木
宜卯、亥、未、巳、酉、丑年生人。不宜寅、午、戌年生人。	宜酉、丑年生人。不宜巳、子、亥、辰年生人。	宜寅、午、戌年生人。不宜申、子、辰年生人。	宜子、辰、亥年生人。不宜午、未、申、酉年生人。	宜卯、午、未、丑年生人。不宜申、子、辰年生人。	宜寅、午、戌年生人。不宜申、酉年生人。
袁	范	陳	施	戈	韓
土	火	火	金	木	木
10 水	10 水	11 木	9 水	4 火	17 金
字中有土，宜丑、未、辰、戌年生人。不宜卯、巳、午、亥、子年生人。	宜卯、辰、巳年生人。不宜寅、戌年生人。	字中左鉤耳為阜字，屬土，字中有車。宜寅、丑、卯、辰年生人。不宜申、酉、戌、亥年生人。	字中有也，屬蛇。宜巳、酉、丑年生人。不宜卯、亥、未年生人。	此為刀厄、刑剋之字，最宜戌年生（狗）年生人。寅、午年亦可。不宜卯、亥、未年生人。	宜巳、午、未年生人。不宜亥、子、丑、辰年生人。

涂	譙	苗	章	余	齊
火	金	水	金	土	金
10 水	19 水	9 水	11 木	7 金	11 火
字中有水，宜申、子、辰年生人。不宜寅、巳年生人。	宜辰、巳、午、酉年生人。不宜卯、亥、未年生人。	宜申、子、辰、卯、亥年生人，不宜寅、午、戌年生人。	字中有日，宜巳、午年生人。不宜子、辰年生人。	字中帶木，宜卯、亥、未年生人。不宜子、辰、巳年生人。	宜巳、酉、丑年生人。不宜亥、子、辰年生人。
楊	蔣	姜	朱	蘇	許
土	金	木	金	金	木
18 金	15 土	9 水	6 土	20 水	11 木
字中有木有日，宜卯、午、未年生人。不宜亥、子年生人。	宜卯、亥、未、丑、辰、戌年生人。不宜巳、午、申、亥年生人。	字中有羊、女二字。宜卯、亥、未年生人和蛇年生人。不宜寅、午、戌年生人。	宜卯、亥、未、寅、戌年生人。不宜子、辰年生人。	字中有草頭禾木，宜卯、亥、未、子年生人。不宜巳、酉、戌年生人。	字中有午，宜馬年生人。宜寅、午、戌年生人。不宜亥、子、丑年生人。

歐	普	年	沃	游	喬
土	金	火	土	土	木
15 土	10 水	6 土	7 金	12 木	12 木
宜丑、巳、午、未、戌年生人。不宜申、子、辰年生人。	字中有日，宜午年生人及巳、酉、丑年生人。不宜卯、未、戌年生人。	宜子、丑、寅、午、戌年生人。不宜卯、亥、未年生人。	宜申、子、辰、戌、亥、丑年生人。不宜卯、午、未年生人。	字中有水、子，宜申、子、辰年生人。不宜寅、午、戌年生人。	寅寅、午、戌、未、亥年生人。不宜申、酉年生人。
藺	譚	巫	陸	山	貢
火	火	水	火	金	木
19 水	19 水	7 金	11 木	3 火	10 水
字中有草頭，有佳字，屬酉。宜卯、亥、未、酉年生人。不宜巳、申、戌年生。	宜辰、午、申、酉、子年生人。不宜丑、卯、未年生人。	不宜蛇年生人。宜申、子、辰年生人。	字中土多，宜寅、午、戌年生人。不宜申、子、辰年生人。	宜丑、寅年生人。不宜卯、未、亥年生人。	宜申、子、辰年生人。不宜寅、午、戌年生人。

冉	徐	高	郭	羊	程
金	金	木	木	土	火
5 土	10 水	10 水	11 木	6 土	12 木
宜寅、午、戌、巳、酉、丑年生人。不宜申、子、辰年生人。	宜卯、亥、未、巳、酉、丑年生人。不宜寅、午、戌年生人。	宜寅、午、辰、巳、亥、丑年生人。不宜申、酉年生人。	字中有右鉤耳為邑，屬蛇字，還有子字。宜卯、巳、午、未、亥、子年生人。不宜申、酉年生人。	此字最宜未年（羊年）生人。其次是卯、亥年。不宜申、酉、子、丑年生人。	宜卯、亥、未年生人。不宜申、酉、戌年生人。

樊	盧	黎	雍	瞿	溫
土	火	火	土	木	土
15 土	16 土	15 木	13 火	18 金	12 木
宜寅、卯、午、未、戌年生人。不宜申、子、辰年生人。	宜寅、午、戌年生人。不宜卯、亥、未、申、子、辰年生人。	宜卯、亥、未、申、亥、子年生人。不宜巳、酉年生人。	宜中有佳屬酉字，宜巳、酉、丑年生人。不宜卯、亥、未年生人，及申、子、辰年生人。	字中有佳屬雞，為酉字。宜巳、酉、丑年生人。不宜卯、亥生人。	字中有氺、日、皿，宜辰、午、戌、子、亥年生人。不宜申、酉年生人。

宓	萬	澹	毛	秦	竇
火	水	水	水	金	火
8 金	13 火	16 土	4 火	10 水	20 水
宜寅、午、戌、巳、酉、丑年生人。不宜蛇年生人。	宜卯、辰、申、子年生人。不宜寅、午、酉、戌年生人。	宜申、子、辰年生人。不宜寅、午、戌年生人。	宜申、子、辰、巳年生人。不宜寅、卯、酉、戌年生人。	宜寅、卯、未、亥年生人。不宜辰、巳、申、酉年生人。	宜寅、辰、戌年生人。不宜卯、未、申、酉、亥年生人。

宗	馬	向	殷	祁	花
金	水	金	土	木	木
8 金	10 水	6 土	10 水	8 金	8 金
宜申、酉、丑、子、辰年生人。不宜蛇年生人。	最適合寅、午年生人。不宜辰、子年生人。	宜巳、酉、丑年生人。不宜寅、午、戌年生人。	宜寅、午、戌、巳、未年生人。不宜卯、酉年生人。	宜蛇年生人。酉、丑亦宜。不宜卯、亥、未年生人。	宜卯、亥、未、戌年生人。不宜蛇年生人。

頤	關	瘦	米	元	俞
金	木	土	水	土	土
8 金	17 金	12 木	6 土	4 火	9 水
宜丑、寅、辰、申、子年生人。不宜巳、午、未年生人。	宜卯、亥、未年生人。不宜申、子、辰年生人。	宜寅、午、戌年生人。不宜巳、酉、丑年生人。	宜卯、亥、未年生人。不宜寅、午、戌年生人。	宜丑、未年生人。不宜巳、亥年生人。	宜辰、戌年生人。不宜巳、卯、酉年生人。
蒲	梁	能	蕭	孔	沈
水	火	土	金	水	金
14 火	11 木	14 火	17 金	4 火	7 金
宜卯、辰、未、申、亥、子年生人。不宜寅、午、戌年生人。	宜寅、卯、辰、戌年生人。不宜巳、酉、丑年生人。	宜辰、戌年生人。不宜申、子年生人。	宜卯、未、酉、亥年生人。不宜寅、午、戌年生人。	宜子年、蛇年生人。不宜寅、戌、卯、辰、未、申、酉、戌年生人。	宜申、子、辰年生人。不宜寅、午、戌年生人。

鞏	臧	尉	安	昌	鮑
木	火	土	土	金	木
15 土	14 火	11 木	6 土	8 金	16 土
宜丑、寅、卯、巳、午、未、戌、亥年生人。不宜辰、酉、子年生人。	宜寅、午、戌年生人。不宜申、子、辰年生人。	宜寅、午、戌年生人。不宜蛇年生人。	宜巳、酉、丑、未年生人。不宜申、子、辰年生人。	宜午年、巳年生人。不宜申、子、辰年生人。	宜辰、巳、午、申、戌、亥年生人。不宜寅、卯年生人。

申	文	韶	伊	五	牛
金	水	金	土	水	木
5 土	4 火	14 火	6 土	4 火	4 火
宜申、子、辰年生人。不宜寅、午、戌年生人。	宜申、酉年生人。不宜寅、午、戌年生人。	宜寅、午、戌年生人。不宜申、子、辰年生人。	宜寅、午、戌年生人。不宜蛇年生人。	宜丑、未年生人。不宜卯、酉年生人。	宜丑年生人。不宜未年生人。

唐	倪	酆	項	聶	羅
火	木	土	木	金	火
10 水	10 水	22 木	12 木	18 金	19 水
宜寅、午、戌年生人。不宜申、子、辰年生人。	宜子、寅、丑年生人。不宜蛇年生人。	宜巳、酉、丑年生人。不宜申、子、辰年生人。	宜卯、辰、未、亥年生人。不宜巳、酉、丑年生人。	宜申、子、辰年生人。不宜寅、午、戌年生人。	宜酉、戌年生人。不宜申、子、辰年生人。
葛	姬	藍	梅	阮	薛
木	木	火	水	木	金
13 火	9 水	18 金	11 木	7 金	17 金
宜卯、午、戌年生人。不宜申、子、辰年生人。	宜巳、酉、丑年生人。不宜寅、午、戌年生人。	宜卯、申、酉、戌年生人。不宜巳、午、未年生人。	宜卯、辰、未、戌、亥年生人。不宜巳、酉、丑年生人。	宜丑、寅、未年生人。不宜酉年生人。	宜卯、酉年生人。不宜巳、午、亥、子年生人。

饒	褚	尤	岑	康	陶
金	火	土	金	木	火
20 水	15 土	4 火	8 金	11 木	11 木
宜寅、午、戌、丑、未年生人。不宜辰、巳年生人。	宜寅、午、戌年生人。不宜申、子、辰年生人。	宜辰、巳年生人。不宜寅、午、戌年生人。	宜巳、酉、丑、寅年生人。不宜卯、亥、未年生人。	宜申、子、辰、卯年生人。不宜寅、午、戌年生人。	宜寅、巳、午、戌年生人。不宜申、子、辰年生人。
嚴	管	晏	穆	柯	詹
木	木	土	水	木	火
20 水	14 火	10 水	16 土	9 水	13 火
宜寅、午、戌年生人。不宜巳、酉、丑年生人。	宜卯、亥、未年生人。不宜申、子、辰年生人。	宜寅、巳、午、戌年生人。不宜卯、辰、酉、亥年生人。	宜卯、亥、未、酉年生人。不宜巳、丑、寅、辰年生人。	宜卯、亥、未、戌年生人。不宜申、子、辰年生人。	宜申、子、辰、卯、寅、午、戌年生人。不宜酉、丑年生人。

魯	柳	樂	丁	鄧	衡
火	火	木	火	火	木
14 火	9 水	15 土	2 木	15 土	16 土
宜寅、午、戌年生人。不宜申、子、辰年生人。	宜寅、卯年生人。不宜蛇年、雞年生人。	宜寅、卯、巳、午、未、酉年生人。不宜申、子、辰年生人。	最宜馬年生人。寅、戌人次宜。不宜申、子、辰年生人。	宜巳、酉、丑年生人。不宜申、子、辰年生人。	宜寅、卯、午、戌、未年生人。不宜申、子、辰年生人。

宰	蔚	廉	柴	單	水
金	土	火	金	火	金
10 水	15 土	13 火	9 水	12 木	4 火
宜酉、戌年生人。不宜午、巳年生人。	宜卯、寅、午、戌年生人。不宜蛇年、申、子、辰年生人。	宜寅、午、戌年生人。不宜申、子、辰年生人。	宜卯、亥、未、戌年生人。不宜申、子、辰年生人。	宜午、戌年生人。不宜巳年生人。	宜申、子、辰年生人。不宜寅、午、戌年生人。

蒯	沙	荊	堵	勞	符
木	金	木	水	火	水
14 火	7 金	10 水	12 木	12 木	11 木
宜卯、寅、未、戌年生人。不宜申、子、辰年生人。	宜申、子、辰、酉年生人。不宜寅、午、戌年生人。	宜卯、未、戌年生人。不宜申、子、辰年生人。	宜丑、寅、午、未、戌年生人。不宜申、子、辰年生人。	宜寅、午、戌年生人。不宜申、子、辰年生人。	宜卯、亥、未、戌年生人。不宜蛇年生人。
閔	**貝**	**慕**	**闞**	**冬阝**	**紅**
水	水	水	木	火	水
12 木	7 金	5 土	20 水	7 金	9 水
宜卯、辰、申、子年生人。不宜寅、午、戌年生人。	宜申、子、辰年生人。不宜寅、午、戌年生人。	宜卯、午、未、戌年生人。不宜蛇年生人。	宜卯、辰、午、未、戌年生人。不宜申、酉年生人。	宜子、丑、巳年生人。不宜卯、辰年生人。	宜寅、午、戌年生人。不宜卯、辰年生人。

儲	韋	畢	于	賈	牧
火	土	水	土	木	水
18 金	9 水	11 木	3 火	13 火	8 金
宜辰、午、未、戌、子年生人。不宜蛇年生人。	宜寅、午、戌、子年生人。不宜辰、巳年生人。	宜卯、亥、未年生人。不宜巳、酉、丑年生人。	宜子年、午年、戌年生人。不宜卯、酉年生人。	宜申、子、辰、酉年生人。不宜寅、卯、巳、午、未年生人。	宜丑、未、戌年生人。不宜申、子、辰年生人。
鄒	**屈**	**裘**	**左**	**右**	**榮**
土	木	木	金	土	土
14 金	8 金	13 木	5 土	5 土	14 火
宜巳、午、寅、戌年生人。不宜申、子、辰年生人。	宜巳、酉、丑、寅年生人。不宜申、子、辰年生人。	宜卯、亥、未、申、子、辰年生人。不宜寅、午、戌年生人。	宜卯、亥、未年生人。不宜申、子、辰年生人。	宜寅、午、戌、丑、未年生人。不宜申、子、辰年生人。	宜寅、午、戌、卯年生人。不宜亥、子、丑、辰、申、酉年生人。

翟	甯	查	佴	欒	虞
火	火	金	金	火	土
14 金	13 火	9 水	8 金	23 火	13 火
最宜酉年生人。巳、丑亦宜。不宜申、子、辰年生人。	宜寅、午、戌年生人。不宜申、子、辰年生人。	宜卯、午年生人。不宜子、辰年生人。	宜申、子、辰年生人。不宜蛇年生人。	宜卯、亥、未、辰年生人。不宜申、酉年生人。	宜寅、午、戌年生人。不宜申、子、辰年生人。

辛	仇	富	卻	舒	刀
金	木	土	水	金	火
7 金	4 火	12 木	10 水	12 木	2 木
最宜酉年生人。巳、丑年亦宜。不宜寅、午、戌年生人。	宜寅、戌年生人。不宜蛇年生人。	宜寅、午、戌年生人。不宜申、子、辰年生人。	宜申、子、辰年、巳年生人。不宜寅、午、戌年生人。	宜寅、午、戌年生人。不宜申、子、辰年生人。	宜戌年生人。寅、午年亦宜。不宜申、子、辰年生人。

華	戚	費	任	郎	皮
木	金	水	金	火	水
12 木	11 木	12 木	6 土	10 水	5 土
宜卯、亥、未、午年生人。不宜巳、酉、丑年生人。	宜寅、午、戌年生人。不宜蛇年生人。	宜申、子、辰年生人。不宜蛇年生人。	宜寅、午、戌年生人。不宜蛇年生人。	宜巳、寅、午、戌年生人。不宜申、酉年生人。	宜寅、午、戌年生人。不宜申、子、辰年生人。

鳳	[illegible]	滕	殳	亢	滿
水	木	火	金	金	水
14 火	10 水	15 土	4 火	4 火	15 土
宜巳、酉、丑年生人。不宜申、子、辰年生人。	宜寅、午、戌年生人。不宜蛇年生人。	宜寅、辰、午、申、戌、子年生人。不宜卯、亥、未年生人。	宜巳、亥年生人。不宜子、辰年生人。	宜寅、巳年生人。不宜申、子、辰年生人。	宜申、子、辰年生人。不宜巳、午、未年生人。

雲	奚	尹	百	里	端
土	木	土	水	火	火
12 木	10 水	4 火	6 土	7 金	10 火
宜申、子、辰年生人。不宜寅、午、戌年生人。	宜酉年生人。不宜蛇年生人。	宜巳、酉、丑年生人。不宜寅、午、戌年生人。	宜申、子、辰年生人。酉年亦可。不宜寅、戌年生人。	宜寅、午、戌、丑、未年生人。不宜亥、子年生人。	宜寅、午、戌、丑、酉年生人。不宜申、亥年生人。

曹	喻	平	和	封	焦
金	土	水	水	水	金
11 木	11 木	5 土	5 土	9 水	12 木
宜寅、午、戌年生人。不宜申、子、辰年生人。	宜申、子、辰、戌年生人。不宜蛇年生人。	宜子、午年生人。申、辰亦宜。不宜巳、亥年生人。	宜卯、亥、未年生人。不宜蛇年、豬年生人。	宜寅、午、戌、辰、丑、未年生人。不宜巳、酉年生人。	宜午、酉、丑年生人。不宜申、子、辰年生人。

鞠	后	宣	繆	祖
火	土	土	水	金
18 金	6 土	9 水	17 金	10 水
宜寅、午、戌年生人。不宜申、子、辰年生人。	宜丑、未、巳、寅、午、戌年生人。不宜申、酉、亥年生人。	宜寅、午、戌年生人。不宜申、子、辰年生人。	宜巳、酉、丑年生人。不宜寅、午、戌年生人。	宜申、子、辰、巳、酉年生人。不宜卯、亥、未年生人。

鄔	曲	婁	伏	戎
水	木	火	水	金
18 金	6 土	11 木	6 土	6 土
宜巳、酉、丑年生人。不宜寅、午、戌年生人。	宜巳、酉、丑年生人。不宜亥、子、辰年生人。	宜巳、酉、丑年生人。不宜申、子、辰年生人。	宜寅、午、戌年生人。不宜蛇年生人。	宜戌年生人。午、寅年亦宜。不宜卯、亥、未年生人。

第五章　姓名的組合和要義

普通中國人的姓名有三個字，複姓者有四個字、五個字之多，滿蒙回等少數民族和台灣的山地同胞的姓名，一般和漢族不同，因此我們只談漢族的中文姓名。

在命理學中，『姓氏』是代表人的先天之命，『名字』是代表人的後天之命。『姓』也代表祖德、祖蔭。『名』代表自己後天的努力打拚，和思想、作為的方式，以及所完成的結果。同時在姓名中三個字的，『姓』代表父母、祖上。名的第一個字代表自己（內心思想的狀況），亦代表自己和朋友的人際關係（外緣）。也代表自己和配偶的關係（包括婚姻狀況）。名字的第三個字，代表子女運和自己的才華部份。這像我們在看八字的時候一樣。生辰八字的年柱（年份干支）代表和祖上、先祖的關係，也可以看和父母的關係。

月柱（生辰月份干支）可以看此人幼年時期的好壞，或此人和父母、兄弟之間的家庭關係。日柱（生辰日的干支）是要看本人的性格思想，以及和配偶相合、相幫助的關係。同時也代表和兄弟之間手足之情的關係。時柱（生辰時干支）是代表子女運，及其本人才華多寡的狀況關係，因此生辰八字和姓名其實非常類似，並且也關係匪淺。

先天運	張	※代表祖先、父母和你的關係。
後天運	仲	※代表你自己的性格和配偶相處的關係，和兄弟姐妹相處的關係。
	景	※代表你和子女相處的關係。子孫興旺的關係 ※自己的才華。

在人之事業上要從姓名中來瞭解吉凶。『姓』就是父母家庭給你的幫助，名字的第一個字，也就是姓名的中間一個字，就代表你的事業傾向和好壞了。名字的第二個字，也就是姓名（三個字）的最後一字，就是你得財多寡（代表結果）的景象了。當然看事業，最後還是以名字的第二個字與第三個字一起看比較好。因為因果關係比較綿密的關係。

張	※代表父母給你事業上的助力。
仲	※代表自己事業的傾向和奮鬥力、能力。
景	※代表事業的成果得財的多寡。

張	①1歲至20歲的運程 幼、少年運
仲	②20歲至40歲的運程 中年運
景	①40歲至60歲的運程 老年運

在人之身體上，要從姓名來飲瞭解其人的健康問題，也很簡單。『姓』代表先天的健康，也就是由父母、祖上先天遺傳給你的健康方面的問題。有一些身體不佳的人，他的姓氏一定多少和生年的生肖有相剋的地方。其名字的天格和人格也會形成剋煞。例如形成七殺者，有傷剋血光。多病、招災之狀。火多、欠水的人，或水土相剋的人，會有腰腎不足、不好、木土相剋的人容易有肝病等狀況。姓名中地格與外格或與人格的字劃數之五行相剋的人，有腎水不足，欠子之狀。

姓名中三個字，姓代表人之上焦，名的第一個字（中間一個字）代表中焦。名的第二個字，（最後一個字）代表下焦。

張	上焦
仲	中焦
景	下焦

倘若是單名的人，也就是姓和名加起來只有二個字的人，或是複姓中，名字只有一個字的人，其『姓』仍然代表著與祖先、父母的關係，和先天運，以及幼、少年運。其『名』就概括了所有的後天運，自己的奮鬥力、智慧，與配偶的關係，自己的才華，和子女的關係、子孫與旺度等等，以及二十歲至老年的運氣（中年運和老年運）。所以姓名只有兩個字的人，其人的名字是承受了所有的現世生活的壓力。此一字取得吉，便永遠昌盛，取得不算吉，便遺憾更深。因此二個字的姓名是要比三個字的姓名在選取吉凶上困難度更高的。

紫微命格論健康

法雲居士⊙著

在中國醫藥史上，以五行『金、木、水、火、土』便能辨人病症，
在紫微斗數中更有疾厄宮是顯示人類健康問題的主要窗口，
健康在每個人的人生中是主導奮發力量和生命的資源，
每一種命格都有專屬於自己的生命資源，
所以要看人的健康就不是單單以疾厄宮的內容為憑據了，
而是以整個命格的生命跡象、運程跡象為導向，來做為一個整體的生命資源的架構。
沒生病並不代表身體真正的健康強壯、生命資源豐富。
身體有隱性病灶、殘缺的，在命格中一定有跡象顯現，

健康關係著人生命的氣數和運程的旺弱氣數，
如何調養自身的健康，不但關係著壽命的長短，也關係著運氣的好壞，
想賺錢致富的人，想奮發成功的人，必須先鞏固好自己的優勢、資源，
『紫微命格論健康』就是一本最能幫助你檢驗出健康數據的書。

第六章　選名字時應注意事項

人在選名字的時候，字劃數很重要，但這不是唯一的要件，仍有許多必需要小心注意的問題。要取一個漂亮的、福祿壽滿、官旺、財旺、六親緣旺的名字，就必須注意下列的考量。

選名應注意事項

1 姓名中的文字，上下字義是不可相悖或相剋的。

例如『盧金木』一名，名字中金木相剋，必有肝膽之疾，且不利子息、刑偶欠子。盧屬火，又剋金，一生難發達。

例如『陳清煌』一名，『陳』字的左鉤耳代表『阜』字，是土山的意思，『

陳』就是東方的土山之意。『清』字指的是水，有『水』旁，『煌』字有火，指的是火的光輝。因此在字義上這是水火不相容的，是相剋的。從字面上給人一看到的印象，就知道此人有水火相剋的狀況，必是枯瘦、矮小之人。

因此名字以及姓名之間的每一個字，都是不宜上下相剋或相悖的。況且姓氏是代表人的先天命和先天運氣。名字是代表人之後天命和後天運氣。當姓和名字的意義相悖時，先天命和先天運和後天命、後天運的聯繫就不好了。

當名字中的兩個字的字義相悖時，後天運、後天命的經歷就不順暢了。一定會經歷較多的漂浮不定，生活奔波辛苦的。因此不可不注意。

2 姓名中的文字要注意強弱虛實之分

中國的文字有長短肥瘦、強弱虛實之分。人在選名字時，應配合先天的八字命格來選字的強弱，倘若八字過剛時，要看其八字缺乏的是人緣或智慧、或是平穩度、亦或是貴人運等字來平衡中和之。倘若先天八字命格過弱，則要選取能增強、增財、增智慧、增毅力的字來鞏固他。當然在選擇名字時，仍不能和『姓』有意義、字形或五行上有相悖不合的狀況發生，否則也是不吉的。

文字強弱虛實，舉例略述：

『長』的字：是缺乏忍耐力，能往前直衝，只能伸，不能屈，比較衝動、木訥、剛直的字。

例如：申、年、平、竹、衣、辛、早、芥、牙、芊等字。

『短』的字：是毅力堅強、肯幹、苦幹，但較孤獨，人緣不佳，少貴人相助扶持的字。

例如：上、正、丑、世、土、生、女、人、二、八、石、玉、之、癸等字。

『肥』的字：是平穩、穩重，但缺乏機智、伶俐，不夠清雅、行動較緩慢、笨重，但豐滿、穩當的字。

例如：豐、國、園、圓、雍、滿、賜、馥、備、龐、弼、同、回、弗、健、麒等字。

『瘦』的字：是活動力十足，很伶俐，有機智，但形體弱小，在意念上也有不強的問題。

例如：小、千、子、六、月、方、卞、下、丁、乙、予、牛等字。

『強』的字：是行動力強、好競爭、果斷、剛強，外交能力強，具有某些向外侵略意義的字。此類字中也有許多字帶有無限好運機會的字。但要看字義與命格的搭配才能用。這類的字，在意念上較強，但也會有對人忽冷忽熱的感覺。

例如：斌、威、武、巍、琨、權、魁、肇、競、藝、鷹、彪、勳、鵬、炳、鋒、燁、豪、憲、龍、鎮、勵、圖、振、濤、耀等字。

『實』的字：是字的形狀給人穩定，有安全感，讓人放心的字。但是它有太保守、夠勤儉，稍嫌頑固的特質。此字適合命格飄蕩，做事不實際的人，能稍為改善其人一時段之命運。

例如：圖、精、實、謹、鐘、震、寰、鳳、凰、麟、臺、童、毓、羅、豐、霈、嶽、靄、顧、慶、壽等字。

「虛」的字：是幽幻型的字，或是字中有空洞的形狀的字。這類的字會造成人之命運上缺乏目標，常有空洞的想法，不實際，以致於命運多舛，無法成功。

例如：口、空、云、幽、句、已、凡、亢、于、門、臼、臾、又、介、也等字。

「弱」的字：是字義軟弱、被動，含意不清，或容易早逝，不長久的字。此類字容易形成被動形勢，沒有決斷力，或沒有奮發力，只有懦弱溫和或外觀美麗的表現。

例如：意、想、知、愈、好、花、姿、蕾、媛、婷、夢、幻、影、變、閃、美、月、菊、綺、虹、姣、妍、巧、娟、文、芬、萍、香、梅、冰、淡、亞、羊、尹、露等字。

3 姓名唸法讀音應注意有陰陽、頓挫之美

在古代、中國文字有九音讀法，延用至今。九音讀法是：

文字九音讀法：

1.牙音：見、溪、郡、疑、淡。
2.舌上音：知、徹、澄、娘。
3.輕唇音：非、敷、奉、微。
4.齒音：照、穿、狀、審、禪。
5.半齒音：來、日、半、舌。
6.舌頭音：端、透、定、泥。
7.舌唇音：幫、滂、並、明。
8.齒頭音：精、清、從、心、邪。
9.喉音：影、曉、喻、匣。

詳述字的唸法，只是在幫助我們在姓名的讀法上能發音準確。字音關係

著納音五行，由字音而分金、木、水、火、土。講究姓名學的人，也會講究納音五行的相合、相剋。以便選出更吉、更好的姓名出來。納音五行在後面部份會專門談選姓名聲調平仄，關係著姓名的唸法讀聲響不響亮？好不好聽？會不會產生諧音？造成邪義來破壞原來美妙的姓名。因此人在取名後，必會和姓連在一起，一同唸出來，看看順不順或好不好聽。

平仄聲關係著姓名的音韻美

聲音的陰陽頓挫，產生平仄音。一般我們學注音符號的台灣這一輩受教育的人，都不太懂平仄音了。其實平仄音很簡單。在注意符號中，輕音（注音符號上有『•』的）、二聲（注音符號上有『ˊ』的），皆屬平聲字。三聲（注音符號上有『ˇ』的）、四聲（注音符號上有『ˋ』的），皆屬於仄聲字。因此平仄聲便容易定出來了。

在姓名的讀音中，應『姓』與『名』一起來看、來唸出來。其中最差的姓名音律，就是姓名中全是平聲字或仄聲字了。這樣別人在唸你的名字的時候，因為不好唸，常會把中間一字的音，變調了，變成仄聲或平聲。

例如：

張綿綿　平平平　三個字皆是平聲字，所以別人常唸成張免（ㄇㄧㄢˇ）綿。

謝智慧　仄仄仄　三個字皆是尾聲，所以別人因不好唸，常唸成謝知（ㄓ）慧，唸不標準的人也會唸成謝子（ㄗˇ）慧。這就會走音了。

姓名，讀音的陰陽起伏，關係著人之姓名夠不夠強壯、響亮。要有官運、財旺的人，一定要有響亮的名字。官運才會好，財才容易進。一個讀音模糊的名字，會給別人模稜兩可，似是而非，畏縮、閃躲、逃避，不敢面對現實，沒有擔當，做事不負責，甚至是可憐、不想和人打交道，不想讓人瞭解自己，認識自己的意圖。既然如此，還談什麼官運、財運、貴人運、人緣桃花呢？因此好的名字是不可不注意讀音的平仄、起伏的。

一般來說讀音是：

平仄平　例如：劉冠軍

仄平仄　例如：蔣中正

仄平平　例如：郝龍斌、郝柏村、蔡英文、蔣經國

平仄仄　例如：陳信義

仄仄平　例如：李慶安

一般來說平平平的姓名，不好唸，但聲調都是往上揚的，還算好，例如江澤民、朱鎔基等。但姓名中全是仄仄仄時，聲調全會下降，在姓名的氣勢上便有沈悶的感覺了。這時要用齒音會較清晰一點。

4 納音五行的辨別法

納音五行，即是以字的讀聲發音的方式，所形成五行（金、木、水、火、土）的方法。在選名字時，最好姓氏、名字中的字皆可依次相生，而大吉。

不要形成字與字間的衝突刑剋為佳。

納音五行，分牙音、齒音、喉音、唇音、舌音五音。

牙音—五行屬木。例如：李、葛、夏、光、甘等字。

齒音—五行屬金。例如：清、新、香、鐘、石等字。

喉音—五行屬土。例如：韻、園、由、余、毓等字。

唇音—五行屬水。例如：武、豐、明、北、佛等字。

舌音—五行屬火。例如：凌、呂、丹、蘭、嘉等字。

知道了納音五行的分辨法，只要隨時唸一唸，便可立即知道字的五行，在選名字時，就會非常的方便來取名字了。

5 姓名中要注意字劃數的陰陽配合

中國文字，以字劃數雙數為陰，單數為陽。雙字劃數為陰象，單字劃數為陽象，姓名中之『字劃數陰陽象』關係著命運之劫數問題。

在姓名字劃數中，以姓名三個字全陽或全陰，皆主大吉，亦會主大凶。必須小心應用。

1. 倘若『姓』之字劃數屬陰，『名字』中二字之字劃數皆屬陽，是一陰二陽，稱之『吉陰陽』。（形成陰陽陽）

2. 倘若『姓』之字劃數屬陰，『名字』中第一字屬陰，第二字屬陽。是二陰一陽，亦屬『吉陰陽』。（形成陰陰陽）

3. 倘若『姓』之字劃數屬陽。『名字』中的二個字都屬陰，是一陽二陰，也為之『吉陰陽』。（形成陽陰陰）

4. 倘若『姓』之字劃數屬陽。而『名字』中第一個字字劃數屬陽，第二個字字劃數屬陰。也是二陽一陰，是為『吉陰陽』。（形成陽陽陰）

5. 倘若姓名只有二字。『姓』之字劃屬陰，而『名字』的字劃數屬陽，一陰一陽，為『吉陰陽』。倘若『姓』之字劃數屬陽，而『名字』的字劃數屬陰。也是『吉陰陽』。（形成陰陽或陽陰）

6. 倘若姓名有三字中，『姓』的字劃數屬陰，『名字』的第一字字劃數屬

陽。第二字的字劃數屬陰，為二陰夾一陽。此為不吉，會有劫數。（形成『陰陽陰』不吉）

7. 倘若姓名有三字中，『姓』的字劃數屬陽，『名字』中第一字字劃數屬陰。第二字字劃數屬陽，為二陽夾一陰。此為不吉，會有劫數產生。（形成『陽陰陽』不吉）

第七章 文字字劃數的計算方法和五行帶給姓名的吉凶生剋

姓名字劃數的計算方法

1. 姓名字劃數，必須以康熙字典中之文字正體字為主，為計算的方法。例如『万』字，必須以正繁體字『萬』為準。『体』必須以正繁體字之『體』為準。『权』必須以正繁體字之『權』為準。再以此繁體字來計算筆劃數。

2. 『口』、『日』、『田』、『月』等字，由上拖向右側的線，要算作一劃。

有寶蓋頭的『家』、『寶』等字中『宀』，右肩部份也要算一劃，所以『

家』字是十劃，『寶』字是二十劃。

『白』、『自』等字，上端的斜線與左側直線，應分別各算一劃，故『白』為五劃，『自』為六劃。

字旁、字冠的計算法，宀是三劃。亻是二劃。女是三劃。弓是三劃。口是三劃。

茲將常見字的偏旁部首，或字冠之字劃數列於左：

氵　三點水　本體字為（水）字。四劃。如清字。

示　半禮旁　本體字為（示）字。五劃。如祈字。

忄　抱心旁　本體字為（心）字。四劃。如憶字。

扌　挑手旁　本體字為（手）字。四劃。如揚字。

豸　秉犬旁　本體字為（犬）字。四劃。如貓字。

衤　半衣旁　本體字為（衣）字。六劃。如裱字。

月　肉字旁　本體字為（肉）字。六劃。如肥字。

王　斜玉旁　本體字為（玉）字。五劃。如瑤字。

艹　草部　本體字為（艸）字。六劃。如草字。

罒　目部　本體字為（网）字。六劃。如羅字。

辶　走馬　本體字為（辵）字。七劃。如達字。

阝　右勾耳　本體字為（邑）字。七劃。如都字。

阝　左勾耳　本體字為（阜）字。八劃。如陳字。

※另外有列於『月』字旁的字有下列字。

例如：有、朋、服、朏、朕、朔、朓、朗、望、期、朝、朦等字，月旁字以四劃論。上述字不可以肉字旁六劃數來看。

※『酒』字屬『酉』部，不是『水』部，應算十劃數。

『巡』字屬『巛』部，不是『辵』部，應算七劃數。

姓名字劃數的五行看法

在選取名字的時候，很多人都只注意字劃數總格的吉凶，也就是姓名加起來的字劃數的總數吉凶，並且以農民曆上一般的『八十一數吉凶靈動字劃數』為準蠅，其實這套『八十一數吉凶靈動數』已屬於鄉野傳奇之說，無法確實為我們瞭解命運了。真正要演算出姓名的吉格出來，還是要從命理學的角度來確實掌握吉凶。選取名字並不是那麼簡單的事情。要想選取一個與父母相合，事業有發展，夫妻配偶相互融洽幫助，兄弟和合幫助，子孫興旺，子女乖巧，有緣份，自己的才華得以發揮。自己一生的財祿、福份平安順利、旺盛。每一個要點都需要你自己或選名字的人，在其命格上或和取名字之間做一個最好的衡量、拮取。就是取名字的人，必需用專業知識來詳加推敲的，也並不是用一個簡單的吉凶數就可以肯定的。況且這套『八十一劃吉凶靈動』，已經傳之久矣，實在不準了。

目前社會檯面上許多知名之士的名字字劃數常有在『八十一數吉凶靈動』中列之為凶數的名字，但這些人依然有成就，會出人頭地，這也就是說『八十一劃吉凶靈動數』的字劃數吉凶，產了不準的問題，是不可相信的。

字劃數、數理的形成，來自於河圖、洛書。

河圖

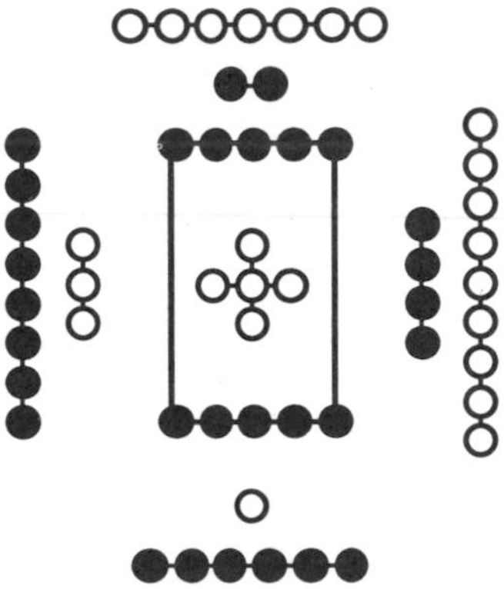

洛書

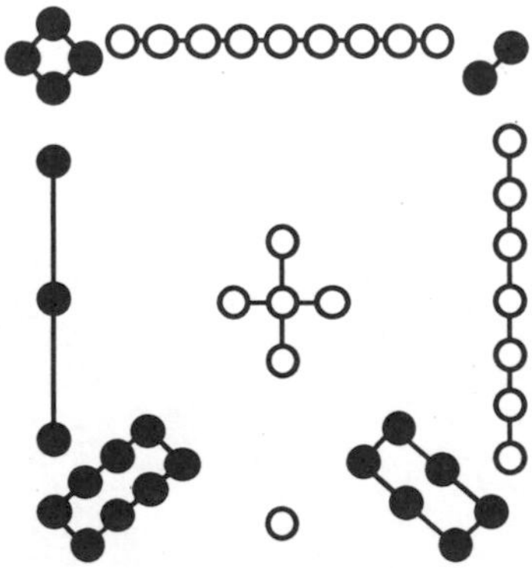

洛書的數字排法是後天的『用』。
河圖是數理的『體』。

洛書

4	9	2
3	5	7
8	1	6

數字形成的五行

0—癸水
9—壬水
8—辛金
7—庚金
6—己土
5—戊土
4—丁火
3—丙火
2—乙木
1—甲木

1-100 五行數字所屬

癸水	壬水	辛金	庚金	己土	戊土	丁火	丙火	乙木	甲木
10	9	8	7	6	5	4	3	2	1
20	19	18	17	16	15	14	13	12	11
30	29	28	27	26	25	24	23	22	21
40	39	38	37	36	35	34	33	32	31
50	49	48	47	46	45	44	43	42	41
60	59	58	57	56	55	54	53	52	51
70	69	68	67	66	65	64	63	62	61
80	79	78	77	76	75	74	73	72	71
90	89	88	87	86	85	84	83	82	81
100	99	98	97	96	95	94	93	92	91

天干陰陽生剋及財官印檢查表

日干	傷官	食神	正官	偏官（七殺）	正財	偏財	正印	偏印（梟神）	劫財	比肩
甲	丁	丙	辛	庚	己	戊	癸	壬	乙	甲
乙	丙	丁	庚	辛	戊	己	壬	癸	甲	乙
丙	己	戊	癸	壬	辛	庚	乙	甲	丁	丙
丁	戊	己	壬	癸	庚	辛	甲	乙	丙	丁
戊	辛	庚	乙	甲	癸	壬	丁	丙	己	戊
己	庚	辛	甲	乙	壬	癸	丙	丁	戊	己
庚	癸	壬	丁	丙	乙	甲	己	戊	辛	庚
辛	壬	癸	丙	丁	甲	乙	戊	己	庚	辛
壬	乙	甲	己	戊	丁	丙	辛	庚	癸	壬
癸	甲	乙	戊	己	丙	丁	庚	辛	壬	癸

※此表格將用在後面天格、人格、地格、總格、外格等五格中來看名字字劃的生剋吉凶。

天干陰陽生剋財官印檢查表轉化成數字表時，所代表的意義

日干	傷官	食神	正官	偏官（七殺）	正財	偏財	正印	偏印（梟神）	劫財	比肩
1	4	3	8	7	6	5	10	9	2	1
2	3	4	7	8	5	6	9	10	1	2
3	6	5	10	9	8	7	2	1	4	3
4	5	6	9	10	7	8	1	2	3	4
5	8	7	2	1	10	9	4	3	6	5
6	7	8	1	2	9	10	3	4	5	6
7	10	9	4	3	2	1	6	5	8	7
8	9	10	3	4	1	2	5	6	7	8
9	2	1	6	5	4	3	8	7	10	9
10	1	2	5	6	3	4	7	8	9	10

※表格中1也包括了11、21、31、41、51、61、71、81、91……
2也包括了12、22、32、42、52、62、72、82、92……
3也包括了13、23、33……

也就是說數字尾端是1的，無論是11或21或91，皆五行屬木，是甲木。

數字尾端是2的，無論是12或22、42、62，五行皆屬乙木。

數字尾端是3的，無論是13或33、63、73，皆屬丙火。

數字尾端是4的，無論是14、24、34……皆屬丁火。

數字尾端是5的，無論是25、65……皆屬戊土。

數字尾端是6的，無論是36、86……皆屬己土。

數字尾端是7的，無論是27、37、47……皆屬庚金。

數字尾端是8的，無論是18、28、38……88，皆屬辛金。

數字尾端是9的，無論是19、29、99，皆屬壬水。

數字尾端是0的，無論是10、20、30……至100，皆屬癸水。

※所附之財官印檢查表之數字表格，是方便讀名在後面談到五格（天格、人格、地格、總格、外格）相互之間的生剋關係時，用以檢查正財、正官、七殺、偏財、劫財，這些生剋制化問題所要用的。

第八章　五格的分類與十神的意義

五格就是天格、人格、地格、總格和外格。

1 天格

姓氏中，單姓，多加一數，為天格。複姓者，以複姓合計之字劃數為天格。不必多加一劃。天格看與父母長上之關係。

2 人格

單字姓名，以姓和名字中的第一字的合計劃數為人格。複姓者，以姓氏中的下一個字，與名字的上一個字，合計算筆劃數，以為人格。

例如　張仲景，張為單姓，張字和仲字之字劃數相加即為人格。共計十七劃。

例如　歐陽廷鋒，其人格的算法是以歐陽的『陽』字十七劃和『廷』字共十一劃相加字劃數為人格。共計二十八劃。

人格是人之主運，亦能表現人之性格、能力、身體，它和天格、地格所形成的財、官、煞位都要非常的小心才可。

3 地格

地格是把名字（兩個字）的劃數相加而成。倘若是單名的人，地格也就是名字中的單字劃數了。也可以不必論。

地格和其他格之相互關係，可參照財、官、印表找出生剋吉凶。地格代表子女運，與屬下關係的運氣。也可看其人的才華和財富能留存多少。

4 總格

姓氏與名字的總劃數，是為總格。總格代表晚年運，又稱『後運』。亦要參照『財官印檢查表』，找出總格和天格、地格、人格、外格之間的吉凶、刑剋來，以觀察名字的吉凶。

5 外格

名字的最下一個字，再假添一劃，而成外格。

外格所主的運氣為『副運』。此格是看家族緣份的厚薄，或其人與社會的外緣關係。

12天格
張 11
17人格
仲 6
18地格
景 12
外格 13

29 總格

六神及十神的意義

六神和十神都是八字學中用來看生剋制化的用語。

六神所指的是官煞、印綬、財、食傷、比劫，再加上『我』字合稱『六神』。

官煞分正官和偏官（又稱七殺）。印綬分正印、偏印。財分正財、偏財。食傷分食神和傷官。比劫分比肩和劫財。共十種，統稱『十神』。

十神所代表的意思：

1. **正官：**官是管制、束縛的意思。陽剋陰、陰剋陽為正官。會管我、支配我的支量就是官。例如老闆、老師會管我們的，能剋制我們行為能力的稱之官。在五行中例如火剋金為官。木剋金也是官。火剋水也是官。甲木是陽木剋辛金（陰金），是陽剋陰，就是正官。丁火是陰火、剋壬水（陽水），陰剋陽也是正官。

在前面的表中可以查到：正官有甲剋辛、乙剋庚、丙剋癸、丁剋壬、戊剋乙、己剋甲、庚剋丁、辛剋丙、壬剋己、癸剋戊。

由數字表中可以換算出來，1跟8是正官。2和7是正官。3和10是正官。4和9是正官。5和2是正官。6和1是正官。7和4是正官。8和3是正官。9和6是正官。10和5是正官。

正官在八字中和姓名學上的意義，代表其人會五官端正，長相氣派、俊俏，有理智，被人管，和愛管人。性格強。當正官在姓名的人格出現時更為明顯。正官代表男性事業上的原動力。有管理掌握別人的力量，亦能作官發展事業。在女性方面，正官代表姻緣及和夫婿的關係。姓名中和八字中正官多的人（有兩個以上正官）是性格剛強的人。能力也很強，但是若是女性，和父親、丈夫的感情就會不佳。是意見較多，愛管別人，自己不受管教、約束的人。正官在姓名中對男性是好的，對女性只要一個就好了，保證會有姻緣，能結得成婚了。

2.**偏官（七殺）**：偏官又名七殺。官是管束的意思。也是相剋的意思。

剋得過頭了，為煞，又稱七殺。（因為天干相距七位，故稱七煞）。陽剋陽、陰剋陰為偏官，亦稱七殺。

在五行中硬碰硬會產生傷害的，就成為七煞。陰碰陰的也會造成傷害，也稱七殺。例如甲木會被庚金所剋。甲木是陽木，庚金是陽金。甲木是高大的喬木，被利斧的庚金所砍伐，被其所剋，庚金就是甲木的七殺了。而庚金會怕猛火剋，庚金的七殺就是丙火了。而丙火又怕水來沖剋，壬水就是丙火的七殺了。乙木是花草之木，它的七殺是辛金。辛金是軟金，它的七殺又是丁火（爐中之火）。丁火的七殺又是癸水（雨露之水），由數字表可換算出來1跟7是七殺。2跟8是七殺。3跟9是七殺。4跟10是七殺。5跟1是七殺。6跟2是七殺。7跟3是七殺。8跟4是七殺。9跟5是七殺。10跟6是七殺。

七殺在八字和姓名學上的意義，代表其人較凶悍，傷災多，而且有一個七殺，一生中必有一次大血光（開刀或骨折斷）。

有七殺在命格中或是在姓名中的人都是性格勇猛、剛強、意志力很強的人。但是不利婚姻，也會在人緣上和人有摩擦。七殺在姓名中的人格的時候，會特別顯現出這些特質出來。七殺在姓名的天格上，是與祖宗、父母有刑剋。七殺在地格，是與子女的緣份有刑剋，可能無子，或與子女緣淺，相處不佳。

七殺在姓名中的人格時，雖然亦造成自己的傷災，但在其人的奮鬥力上會有堅持、固執的性格，較容易成功。並且在其人二十歲至四十歲這一段時間，打拚力很強，是容易成功的。女子在人格中有七殺時，性格剛毅，像男生一般，好強，喜歡做事業，容易成為女強人。七殺在人格時，要小心身體的問題。是火金相剋形成的七殺，要注意肝膽、腰腎、腎水不足的問題，火氣大。是金木相剋的七殺，要注意肝膽、脾胃的問題。是水土相剋所形成的七殺要注意脾胃、皮膚病等問題。七殺在地格時，其人喜歡創業，但不見得會成功。

3. **正財**：正財是自我之財，也是本命之財。在命格或姓名中有正財的人，表示其人福厚，能規規矩矩的做事，有固定的工作去賺錢。

陽剋陰、陰剋陽為正財。在五行中陽剋陰，干會相合，例如甲木剋己土，甲己相合，故為自我之財。稱正財。土為木之財。金為火之財。水為土之財。木為金之財。火為水之財。

由數字表可以看出來1跟6相遇是正財。2跟5相遇是正財。3跟8相遇是正財。4跟7相遇是正財。5跟10相遇是正財。6跟9相遇是正財。7跟2相遇是正財。8跟1相遇是正財。9跟4相遇是正財。10跟3相遇是正財。

正財在人命格中和姓名上代表的就是其人所擁有的財祿。也代表其人的人緣桃花和機會。同時也代表其人的智慧和圓滑。

正財在命格或名字中是看男子姻緣的指標。正財多，有兩個或三個的人，會有妻妾。女子則以正財看本命之財的多寡而已。

正財在姓名中的天格時，代表祖上、父母會給你財，從小生活富裕，生活品味很高，二十歲以前都過得很好。

正財在人格時，就代表自己的賺錢能力和理財能力了。同時也代表男子的姻緣桃花的機會。正財在人格時，還代表有妻財。妻子比你有錢，也會對你有幫助，也很有可能夫以妻貴。當女子的正財在人格時，表示其人很會理財，倘若沒有劫財在五格中出現，此人就很會存錢，但她是個有點小氣、吝嗇之人。

4.**偏財**：偏財在命理學上算是他人之財。由陽剋陽、陰剋陰組成。例如甲木剋戊土，戊土是甲木的偏財。乙木剋己土，己土是乙木之偏財。丙火剋庚金，庚金是丙火之偏財。丁火剋辛金，辛金是丁火之偏財。戊土剋壬水，壬水是戊土之偏財。己土剋癸水，癸水是己土之偏財。庚金剋甲木，甲木是庚金之偏財。辛金剋乙木，乙木是辛金之偏財。壬水剋丙火，丙火是壬水之偏財。癸水剋丁火，丁火是癸水之偏財。

由數字表可換算過來。1跟5是偏財。2跟6是偏財。3跟7是偏財。4跟8是偏財。5跟9是偏財。6跟10是偏財。7跟1是偏財。8跟2是偏財。9跟3是偏財。10跟4是偏財。

※偏財在八字命格和姓名學上的意義，是多少帶點偏財運的。而且也會去賺一些不固定、屬於薪水（正薪）之外的錢財。偏財多的人，投機性很

強，無法守住正業。雖有暴發格，但容易暴起暴落，財並不一定守得住。財在男子來說，都代表姻緣桃花。男子偏財多的人，容易有婚外情，或有不正當的感情，所以不為美。

5. **劫財：**劫財在命格中或姓名上五格中見到，就真的有劫財了。劫財和比肩一樣，是同類的，如兄弟的，同謀共事的人如工作上的同事之流，彼此有分財之義，故稱劫財，又稱敗財。

陽見陰，陰見陽者為劫財。

例如甲見乙，乙見甲，丙見丁，丁見丙，戊見己，己見戊，庚見辛，辛見庚，壬見癸，癸見壬為劫財。

由數字表換算出來，1跟2是劫財。2跟1是劫財。3跟4是劫財。4跟3是劫財。5跟6是劫財。6跟5是劫財。7跟8是劫財。8跟7是劫財。9跟10是劫財。10跟9是劫財。

劫財在命格中和姓名中的意義，都代表財守不住，有外來的因素刑剋而刑財。前手交錢，後手空。

男子在姓名中或命格裡，劫財多的人，姻緣不易，不容易結婚，容易孤芳自賞。做事、做人不實在的現象。因為凡事有投機心態，又不願意吃虧的結果。一生容易飄零。

女子姓名中或命格中劫財多，也會投機心重，喜歡做一本萬利的事情，不實在、財守不住，容易困苦不吉，一生起伏大。

6. **比肩：**比肩就是兄弟的意思。同氣、同類來分財的人。陽見陽，陰見陰為比肩。例如甲見甲，乙見乙，丙見丙……以此類推，皆是比肩。

由數字表換算過來，就是1跟1是比肩。尾數是1，1和11或21、31等都是比肩。2跟2或22、32、42……都是比肩。

比肩在命格中或姓名上所代表的意義是同氣的，同類的。表面上似乎沒有什麼害處，但是它常和劫財連在一起，稱『比劫』。因此也多少帶有劫財、分財之義了。

在命格中或姓名中，比肩多，而沒有財、官的人，事業飄蕩，不能成功。

也沒有姻緣。正所謂

無財不剋，無妻無業。

無官不剋，無財無子。

人所有的財祿、成就和家庭幸福全寄託在財、官的相剋之上的。正官可以剋比肩。

7.**正印：**生我者為印綬。指的是生我的父母或能庇佑自己的人。

陽生陰，陰生陽者為正印。例如甲木見癸水，乙木見壬水，水可滋養木，水就是木的印綬，又稱正印。乙木是丙火的正印。甲是丁的正印。丁是戊的正印。丙是己的正印。己是庚的正印。戊是辛的正印。辛是壬的正印。庚是癸的正印。

由數字表換算過來，10跟1相遇。9跟2相遇。2跟3相遇。1跟4相遇。4跟5相遇。3跟6相遇。6跟7相遇。5跟8相遇。8跟9相遇。7跟10相遇，皆為正印。

正印在姓名和命格中代表能受到良好照顧。同時也代表其人對父母很依賴，愛撒嬌，喜歡依靠別人，比較難獨立自主。正印在天格時，父母太照顧此人。父母對此人付出很多心血，但此人並不一定知道回報，父母給得多，其人並不一定瞭解。當正印在人格時，其人比較懦弱、懶惰，努力心不強，喜歡依靠別人。當正印在地格時，其人與子女感情不錯。男子特別鍾愛女兒。女子特別鍾愛兒子。

正印有喜歡掌權的意思。倘若姓名中有正官、有正印、有正財、『財官印』皆有之，則是一個主大富貴的名字。同樣的『財官印』，在命格中皆有的，也是主大富貴的人。

8.**偏印：**偏印和正印一樣都是相生之類的，算是有幫助的條件。陽生陽，陰生陰為偏印。

例如壬水是甲木的偏印。癸水是乙木的偏印。甲木是丙火的偏印。乙木是丁火的偏印。丙火是戊土的偏印。丁火是己土的偏印。戊土是庚金的偏印。己土是辛金的偏印。庚金是壬水的偏印。辛金是癸水的偏印。

由數字表換算過來：9跟1相遇是偏印。10跟2相遇是偏印。1跟3相遇是偏印。2跟4相遇是偏印。3跟5相遇是偏印。4跟6相遇是偏印。5跟7相遇是偏印。6跟8相遇是偏印。7跟9相遇是偏印。8跟10相遇是偏印。

偏印在姓名中和命格中所代表的意義是也算是可以相生、相幫助的，但其助力沒有正印來的大。

在姓名中，偏印多的人，有兩個以上，表示其人表面上看來有很多助力，但實際的幫助並不大。並且此人在性格上有許多軟弱的地方，無法確實掌握權力。做事也做得不夠確實。

9.**傷官：**傷官即傷害官星之意。傷官和食神都屬於由我們己身所出的，例如子女、子孫，和我們的智慧、才華之語流的屬物。

陽生陰，陰生陽為傷官。例如甲木和丁火相遇，丁火就是傷官。乙木和丙火相遇，丙火就是傷官。丙火和己土相遇，己土就是丙火的傷官。丁火和戊土相遇，戊土就是丁火的傷官。戊土和辛金相遇，辛金是戊土的傷官。己土和庚金相遇，庚金是己土之傷官。庚金和癸水相遇，癸水是庚金之傷官。

辛金和壬水相遇，壬水是辛金之傷官。壬水和乙木相遇，乙木是壬水之傷官。癸水和甲木相遇，甲木是癸水之傷官。傷官都是由前面的五行所相生出來的。

由數字換算過來：1和4相遇，4為傷官。2和3相遇，3是傷官。3和6相遇，6為傷官。4和5相遇，5為傷官。5和8相遇，8為傷官。6和7相遇，7為傷官。7和10相遇，10為傷官。8和9相遇，9為傷官。9和2相遇，2為傷官。10和1相遇，1為傷官。

傷官在姓名中或命格中，因為會傷害官星，都是不好的。

姓名中傷官多的人，感情複雜。傷官多在男子身上，會發生做事做一半，常半途而廢，沒有持續力。事業做不長久。傷官多，尤其在人格出現，在女子身上應驗的是感情姻緣路不好走，因官星是女人的姻緣、配偶，被傷害了，自然不佳。並且此女子必然是和夫婿不能溝通的人。

傷官在天格出現，和父母溝通不好，尤其是和父親的關係不佳。傷官在地格出現，和子女的溝通不好，尤其是和兒子的關係不佳。其人的才華也不多。倘若是木火傷官，宜做保險業，運用口才的行業。倘若是金水傷官，宜做奔波、流動性大的行業。

10. **食神：**食神為每個人的食祿。又稱天廚。又稱壽星。因此姓名中、命格中有食神者，皆有食祿之優，生活富裕，衣食無憂，亦有生活品味，亦能壽長，有福可享。

陽生陽，陰生陰者為食神。

例如甲遇丙，丙是甲的食神。乙遇丁，丁是乙的食神。丙遇戊，戊是丙的食神。丁遇己，己是丁的食神。戊遇庚，庚是戊的食神。己遇辛，辛是己的食神。庚遇壬，壬是庚的食神。辛遇癸，癸是辛的食神。壬遇甲，甲是壬的食神。癸遇乙，乙是癸的食神。

換算成數字過來：1跟3，3是食神。2跟4，4是食神。3跟5相遇有食神。4跟6相遇有食神。5跟7相遇有食神。6跟8相遇有食神。7跟9相遇有食神。8跟10相遇有食神。9跟1相遇有食神。10跟2相遇有食神。

姓名中和命格中有食神的人，主有智慧。尤其是食神屬水的人，有大智慧，非常聰明。而且也長得漂亮，一生有財祿，衣食不缺。適合做餐飲業，財利很好。食神在天格時，是由祖上、父母帶給你的食祿，幼年生活富裕。食神在地格時，是由自己的才華生財，而得到食祿之優。你會對子女照顧得很好，小孩也會為你帶財來。

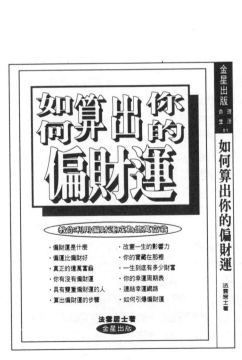

如何選取喜用神

(上冊)選取喜用神的方法與步驟
(中冊)日元甲、乙、丙、丁選取喜用神的重點與舉例說明
(下冊)日元戊、己、庚、辛、壬、癸選取喜用神的重點與舉例說明

每一個人不管命好、命壞，都會有一個用神和忌神。
喜用神是人生活在地球上磁場的方位。
喜用神也是所有命理知識的基礎。
及早成功、生活舒適的人，都是生活在喜用神方位的人。
運蹇不順、夭折的人，都是進入忌神死門方位的人。
門向、桌向、床向、財方、吉方、忌方，全來自於喜用神的方位。
用神和忌神是相對的兩極。
一個趨吉，一個是敗地、死門。
兩者都是人類生命中最重要的部份。
你算過無數的命，但是不知道喜用神，還是枉然。
法雲居士特別用簡易明瞭的方式教你選取喜用神的方法，並且幫助你找出自己大運的方向。

第九章 如何選名與檢驗姓名的吉凶

精通命理的命理師和一般常人在選取名字、姓名的方法是有所不同的。一般人都選取自己喜愛的字，湊合起來，再將字劃數相加，利用坊間普遍在農民曆上看到的『八十一劃吉凶數』來斷吉凶，就以為是非常圓滿了。但常常是用了以後，又不覺得好。到處再尋找取名、選名之法。

專業的命理師所用的方法就不一樣了，必需要結合許多命理上的學問來推算，推敲出來，工程比較浩大繁複。因為多所考量，自然運用在人身上時，就會感到吉運的產生。專業命理師是不會利用坊間鄉野流傳的『八十一劃吉凶數』來對被託付的命名者加以應付了事的。倘若有這樣的命理師，就必然是濫芋充數的命理師了，是不值得信任的。各位讀者要小心這樣不負責任的服務。取名選字，要是這麼簡單，你為什麼不自己做，而要花錢請他代勞呢？

專業選名的步驟

從命理學的角度來選名，或看姓名吉凶，首先要取託付者（要取名之人）的生辰時間。**由生辰時間做成生辰八字。這是第一步。**

第二步：要看其人的紫微命宮主星是什麼？是溫和的星，如天機、太陰、天同、天相、天府坐命的人，就要選用溫和、吉順的字來取名。是殺、破、狼等命格的人，脾氣稍差的，可用稍為緩和一點的字來取名，這兩種狀況是需要改善的。

事實上命理師以專業來為人取名時，是特別注重命格與姓名的相配吉度的。什麼命格的人配什麼樣的名字是一定的，用那些字會較適當，也是有其規範的。命局中沒有財或財少的人，在名字中放再多的財，也是徒勞無功的，沒有助益的。因此命中無財或財少的人，命理師會幫他取有人緣桃花多一點的名字，讓他的機會多一點，有貴人來相助生財，這才會對他有益。無剋不成財，命中財帛宮有空劫、化忌、擎羊的人，或命宮本身有刑剋、刑財的人。

在八字命格中也同樣會有劫財多、或根本沒有財星的狀況。所以我們可以看到大多取名字有『財』字、『富』字的人，根本無財或是財運不濟的普通人了。因此用『財』字，也要人命中有，人如其名，財就會增多了。

在第二步看命宮主星的同時，也要看其人命理格局中是有『陽梁昌祿』格的貴格，或是只是一般平順的『機月同梁』格。有貴格的人要看是文貴還是武貴。有『殺、破、狼』命格和『陽梁昌祿』格同時具有的人，接近武貴。可選堅強有力的名字。男子選彪悍一點的也沒關係。女性選帶有男子氣概一點的名字也沒關係。除此之外是文貴。文貴中，某些具有武貪格，火、鈴貪格等暴發運的人，可選響亮、鏗鏘一點的名字，最重要是要具有文官官旺的名字。沒有暴發運格的人，取文質主貴的名字就可以了。只是『機月同梁』格的人，取溫和、可愛、受人尊敬的名字即可。

在第二步中，同時要把命格中的喜用神找出來。

第三步：要看其人生肖與姓氏的相合度。（前面有百家姓適宜的生肖生人）生肖與姓氏相合的，與父母、長輩緣深，容易得到長輩的疼愛、照顧，在家族中有高地位。

生肖與姓氏不合、相剋的，就要特別注意姓名中名字的部份，也就是姓名中，第二個字和第三個字的選擇了。

要注意第二個字與姓之間不要產生七殺才好，有傷官也不理想。

第三個字，因為加1劃而成為外格，外格和地格形成七殺或傷官也不好。故第三個字也要注意。有七殺在天格上，容易和祖輩有刑剋，容易無父、無母、或與父母感情惡劣。有傷官在天格上與父母不能溝通，會不服管教，亦不佳。

生肖與姓氏不合的人，最好用名字的兩個字來改善。

第四步：利用此人的喜用神，來找五行納音中相合的字。例如喜用神是金水的人，多找納音屬金或水的字來取名。喜用神是火，或是木的人，要找納音屬火或是木的字來取名。

各位讀者要注意的是：並不是所有具有水旁三點水的字都是五行納音屬水的。例如『清』字，納是屬金。而『明』字納音屬水。而『煌』字雖火旁，但納音屬水。

也並不是所有屬火旁的字，就是屬火的。例如『淡』也納音屬水。『煥』字也是納音屬水。『暉』字也是納音屬水。『煦』字屬金。

先選好五行納音相合的字備用，要多選一點，以便在字劃數運用在人格、地格，有相剋不合用時好淘汰掉。

第五步：利用天格、人格、地格來配置名字。天、地、人稱之三才。講究的命理師，在三才配置時會注意天格、人格的字劃數不得超過地格的字劃數，因為天覆地載的關係，而人是處於天之覆蓋和地之載承之間而生活的，是故天格數不得多於地格數，人格數也不能多於地格數。（但複姓除外）以防翻覆無常，導誘不詳。

第六步：檢查姓名中之天格與人格之間，人格與地格之間，地格與總格之間，總格與外格之間，外格與天格之間，外格與人格之間，外格與地格之間所形成的財、官、印。最好是有正官、正財、正印。少一些七殺、傷官、劫財之類的剋煞。

男子姓名中一定要有財、官。女子姓名中也要有財、官，一生會順利有財利，相貌堂堂，姻緣有份。有食神也不錯，有衣食之祿。

姓名中最要小心的就是五格中的相剋。例如五格中有兩、三個水剋一個火，則人生漂蕩、不安定。或金火相剋，心神不寧，肝膽不好，有傷災和身體欠佳等毛病。

當天格和人格相剋厲害時，人之胸部以上身體不好，也代表祖上的遺傳不佳，可能有家族性疾病。

當人格和地格相剋厲害時，代表下半身不好，腰腎不佳，尤其水火相剋，土木相剋、水木相剋最靈驗，必須要小心刑剋的問題。

舉例說明

1 民國43年農曆9月9日辰時

八字是：甲午
甲戌
甲午
戊辰

比肩	甲午	傷官
比肩	甲戌	偏財
日主	甲午	傷官
偏財	戊辰	偏財

本名：陳清煌先生

八字喜用神：本命甲木生於戌月，支上午、戌會火局，又有戊土出干。火旺木枯，必須用印（壬癸水）才能『得地逢生』。亦可稱『甲乙秋生貴元武』。用壬水制傷官為用神。戊土為病神。

陳清煌先生的命盤

兄弟宮 巨門 火星 己巳	命宮 廉貞化祿 天相 文昌 庚午	父母宮 天梁 鈴星 天空 辛未	福德宮 七殺 文曲 壬申
夫妻宮 貪狼 戊辰	土五局		田宅宮 天同 癸酉
子女宮 太陰 擎羊 地劫 丁卯			田宅宮 武曲化科 甲戌
財帛宮 紫微 天府 祿存 ＜身宮＞ 丙寅	疾厄宮 天機 陀羅 丁丑	遷移宮 破軍化權 丙子	僕役宮 太陽化忌 乙亥

陳清煌先生是廉貞化祿、天相、文昌坐命的人，這個名字對他的命格來講，算是不錯的名字。像是有高人指點過的名字。因為喜用神為壬水，名字中『清』雖納音屬金，但帶有水字旁。『煌』字亦為水部會更好，或者更改一字也會更好。

本命中甲木多的人，是文質好禮之人。土雖為木之財，但最好有印化之，才會財多身旺。此刻是財有身弱了。八字命格中有三個偏財，表示為他人之財，他自己必須很努力的去打拚，才會有錢。

從紫微命盤中也可看到他的身宮落在財帛宮，而財帛宮又是紫府祿存，是很喜愛拚命賺錢的人了。福德宮是七殺、文曲，一生多勞碌、忙碌，不喜歡休息，肯埋頭苦幹來賺錢，並且他具有『武貪格』暴發運

由命理來分析此人用此名的吉凶。此人生肖屬馬，是甲午年，『陳』字是左鉤耳，為『阜』，是土山的意思。『陳』就是東方的土山。東字中有木，生於甲午年是相合的。表示祖上、父母可對其人有蔭庇助佑。在姓名中天格和外格形成正官或正財都是好的，父母會給他帶財、遺留錢財、產業給他。

人格和天格形成劫財，人格和地格形成傷官，地格和外格也形成傷官。傷官多，表示要為人服務，本身脾氣拗，要改善才會好。

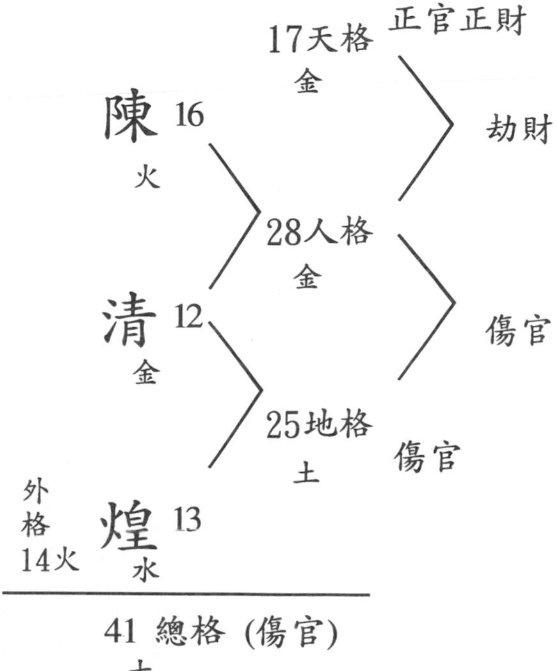

天格、人格、地格是金金土的格局，總格又有木，金木相剋，外格中也有火剋金，這種格局是個性過剛，必須謹慎，很有權威，可以成功及達到目的，而且身心很健全的人。只是『煌』字中含有『火』字不適宜。倘若此名中傷官少一點，人格和地格不要有傷官，夫妻的感情更能溝通得好一點。與子女間的緣份也能多增加一點。

2 民國48年農曆10月21日辰時

八字是：己亥
　　　　乙亥
　　　　丁未
　　　　甲辰

食神	己亥	正官
偏印	乙亥	正官
日主	丁未	食神
正印	甲辰	傷官

本名：陳佳宜小姐

八字喜用神：本命是丁火生於亥月，支上亥未會木局。有甲木出干，但無庚金來劈甲引丁。用煞印相生，以甲木來引化官煞，以甲木為用神。

陳佳宜小姐 命盤

夫妻宮 天同 陀羅 己巳	兄弟宮 武曲化祿 天府 文昌 祿存 庚午	命宮 太陽 太陰 擎羊 天空 辛未	父母宮 貪狼化權 文曲化忌 壬申
子女宮 破軍 戊辰			福德宮 天機 巨門 癸酉
財帛宮 地劫 〈身〉 丁卯			田宅宮 紫微 天相 甲戌
疾厄宮 廉貞 鈴星 丙寅	遷移宮 火星 丁丑	僕役宮 七殺 丙子	官祿宮 天梁化科 乙亥

陳小姐是日月、擎羊、天空坐命未宮的人。性格是溫和中帶有剛強、計較心態的，但是思想上常有與現實俗世脫離的想法。尤其是財運不佳。宜靠他人生活，做家庭主婦較好。以此人命格看來，其姓名中溫和、柔美的一面是非常符合其人的名字了。算是一個好名字。她的身宮落在財帛宮。對錢很在意。但財帛宮是地劫，當有外來的力量劫財，必須要借用別人的力量去賺錢，本身拿不到錢財，常會被劫走。

我們再看其八字中，有食神、正官、正印、偏印、傷官，也沒有一個財星，因此只有食神這個代表衣食之祿的基本生活而已。因此看得出她是個長得很漂亮，但不會理財、財運不佳，有工作，有夫婿，就會有財的人。還好八字中有兩個正官，姻緣桃花是很多的。其夫妻宮有天同、陀羅，表示其配偶是溫和、老實，又有點笨的人，夫妻感情不錯。會被她管。因此她就有財了。

由命理上來分析名字：此人生肖屬豬。卯、亥、未是三合木局，姓氏『陳』字中帶木，亦算是相合的。在姓名中天格和外格形成食神。天格和人格形成正官。表示祖上父母輩的力量很強，會支配她，也會給她衣食之祿。因此她在生活中由家中得到的福祿享受是不錯的。人格和地格也形成食神。總格和外格形成正印。靠人得財，有衣食之祿的格局就很明顯了。若想要在事

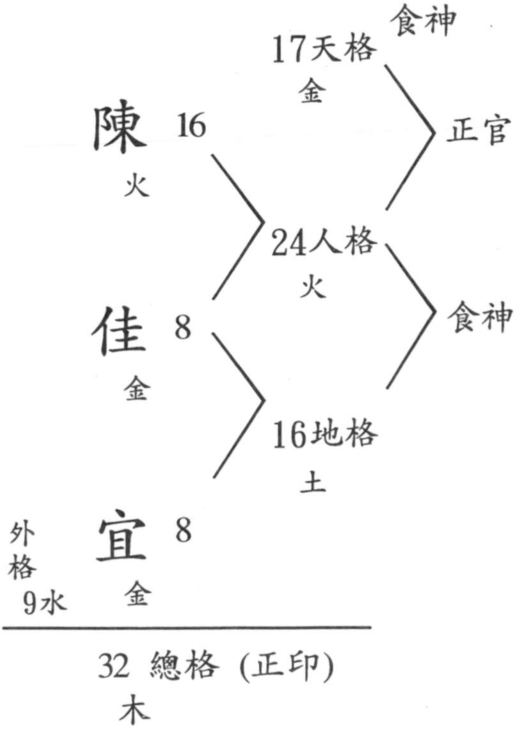

業上投資，以木火類行業為佳。我們在陳小姐的紫微命盤中也可看到在寅、申年（寅、申宮）構成『鈴貪格』，但有化忌同宮，並不一定會發。這也代表了她對投機事業的興趣，因為財少，以小額投資為佳。

3 郝柏村先生　民國8年農曆7月13日辰時

八字是：己未
壬申
壬辰
甲辰

正官	己未	正官
比肩	壬申	偏印
日主	壬辰	七殺
食神	甲辰	七殺

八字喜用神：本命日主壬水生於申月，母旺子相，又有壬水比肩出干。支上申辰會水局，壬水太旺，須有戊土制水，只有己土出干，不足以制壬水。有甲木出干洩弱壬水之氣。但壬水太旺，仍以辰中戊土做用神。以未中丁火做輔助。

郝柏村先生命盤

父母宮 太陽 右弼 天馬 陀羅 己巳	福德宮 破軍 祿存 天姚 庚午	田宅宮 天機 文昌 文曲化忌 擎羊 辛未	官祿宮 紫微 天府 天鉞 壬申
命宮 武曲化祿 戊辰		陰男	僕役宮 太陰 左輔 癸酉
兄弟宮 天同 丁卯	木三局		遷移宮 貪狼化權 甲戌
夫妻宮 七殺 丙寅	子女宮 天梁化科 鈴星 丁丑	財帛宮 廉貞 天相 火星 天魁 〈身〉 丙子	疾厄宮 巨門 乙亥

郝柏村先生是武曲化祿坐命的人。遷移宮中有貪狼化權。這是有超級『武貪格』，強勢暴發運的命格。我們也可在他的生辰八字裡看到有兩個正官及兩個七殺，也就知道此人命格是非常強勢的了。正官和七殺都是官煞，自然有無比的權威和能力。命格中有甲木而沒有庚金出干制甲的人，是背井離鄉的人。食神就代表其人的食祿。

雖然本命是財星武曲化祿，又有貪狼化權相照，武曲又代表政治、軍警。因此這個命格是註定郝柏村先生會在軍職上有高地位、高權勢的背景。再加上他也有『陽梁昌祿』格的貴格，因此一定是會在政府公職中坐上高位的。

由命理上來分析名字：郝先生是屬羊的。姓氏中『郝』字，半邊是『赤』字，半邊是『邑』字，右鉤耳屬邑字。赤字屬午，不屬未，邑字帶蛇，應是『巳』字，所以生肖是屬馬、屬蛇對姓郝的人來講是比較好的。因此郝姓對郝柏村先生來講，會產生與祖輩、父母輩緣淺的關係，會離鄉背井。另外我們看其姓名中天格與外格形成傷官，也是緣淺的證明。天格與人格形成食神，人格與外格又是火剋金的局面。表示其人有先天很好的食祿，一生衣食無缺。但是性格急躁，會有很多痛苦在心中。並且有肺部不好、筋骨方面的疼痛毛病。人格與地格又形成傷官。表示和子女溝通不好。

郝字納音屬水，柏字納音五行也屬水，村字納音五行屬金。整個姓名是

郝 14 水
柏 9 水
村 7 金

15天格 土 傷官
23人格 火 食神（天格與人格之間）
16地格 土 食神
傷官（人格與地格之間）

外格 8金

30 總格 (偏印) 水

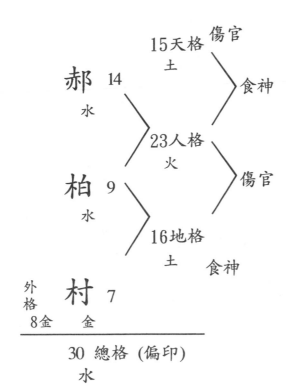

金水格局，總格又屬水，是故其名字是洩弱其元神的重大力量。做軍警職業的人，要有堅強剛毅、勇猛競爭的名字。這個名字太漂亮了，像是文人的名字故而不佳。也削弱了政治上的鬥爭力，這是非常可惜的事。並且名字中只見衣食之祿，而財不多，傷官又多，喜服務，而成果不佳，別人並不領情。一生也容易飄蕩。

4 馬英九先生　民國39年農曆5月29日未時

八字是：庚寅
壬午
己酉
辛未

傷官	庚寅	正官
正財	壬午	偏印
日主	己酉	食神
食神	辛未	比肩

八字喜用神：本命日主己酉生於午月，為建祿格。日主己土坐於酉金之上，被金洩氣，又有壬水緊貼，為身弱之格。四柱食傷多，支上寅

午會火局，生助日主。專取寅中丙火為用神。行東南木火運主貴。

馬英九先生 命盤

遷移宮 天機 辛巳	疾厄宮 紫微 右弼 壬午	財帛宮 陀羅 天鉞 癸未	子女宮 破軍 火星 祿存 左輔 甲申
僕役宮 七殺 天空 庚辰	陽男		夫妻宮 擎羊 乙酉
官祿宮 太陽化祿 天梁 文昌 己卯	土五局		兄弟宮 廉貞 天府 鈴星 丙戌
田宅宮 武曲化權 天相 戊寅	福德宮 天同化科 巨門 天魁 天刑 己丑	父母宮 貪狼 戊子	命宮 太陰化忌 文曲 丁亥

馬英九先生是太陰、文曲坐命的人。性格是溫和、敏感、善於觀察感覺別人內心情感波動的人。所以他也是個有溫柔體貼性格的人，口才很好。但是命格太過於溫和，在政治環境中是比較吃虧的。從八字中，我們也可看到他的食傷多，常會有外來的事物或小細節讓他分心，或是為人服務一些不重要的事情，以致擾亂了他本來的正事或官運運途。

在他的命格中，完全是由『陽梁昌祿』格來主導一生主貴的人生運程，因此很需要一個文化層次高、有官運、旺運的名字。

從表面上看來『馬英九』這個名字很漂亮。讀音又是仄平平，聲音鏗鏘有力響亮，在字義上又英明過了九五，是第一等賢明之人了。但是從命理學的觀點來看此名，食神、比肩多，此人外表長得俊俏，有一定的食祿，但這是按步就班，小格局的食祿。名字中沒有官，也沒有財，在權力和權位的主控力上就十分的不足。在財富上也只是領薪階級的人。由其人的紫微命盤和八字命格中也可發現他的財祿是有問題的。他的官祿宮（事業宮）就是『陽梁昌祿』，八字中尚有一個正官、一個正財。所以本命中還有財官，而名字中全無財星。反而是名字限制住了其人在事業、人生成就上的發展。

馬英九先生生肖屬虎，寅、午、戌三合，因此姓馬，對他尚稱合適，祖上對他有助力。姓名之天格、人格、地格形成木木火的格局，表示其人有機智，善體察人意，而得人緣，可成功。但仍是以主貴不主財為主的格局，名字對命格的幫助是較差的。

11天格 木　食神

馬 10 水　　比肩

21人格 木

英 11 土　　食神

13地格 火　傷官

外格 3 火　九 2 火

23 總格 (比肩) 火

5 星雲法師　民國16年農曆7月24日卯時

八字是：

比肩	丁卯	偏印	
傷官	戊申	正財	
日主	丁亥	正官	
七殺	癸卯	偏印	

八字喜用神：本命日主丁亥生於申月，丁火無根，支上有卯亥會木局，干上有戊土，有晦火之嫌，專用亥中甲木制土幫身，可惜四柱無丙火，故以主富為主。以甲木為用神。此命格是少年困苦，中年以後發富之命格。

星雲法師是紫殺、右弼、陀羅坐命的人。財、官二位有空劫，福德宮有擎羊。會做方外之人，必是『命財官』中有空劫之人。其實這就形同空劫坐命的人一般了。所以他取名『星雲』，天上的星星是遙不可及的，雲是捉摸不定、摸不到的，就非常適合空門中的人了。所以這個名字非常好。

星雲法師　命盤

命宮 紫微 七殺 右弼 陀羅 天馬 6－15　乙巳	父母宮 祿存 文曲 天姚 丙午	福德宮 擎羊 丁未	田宅宮 文昌 台輔 戊申
兄弟宮 天機 天梁 封誥 陰煞 16－25　甲辰	火六局	陰男	官祿宮 廉貞 破軍 天空 左輔 天鉞 86－95　己酉
夫妻宮 天相 26－35　癸卯			僕役宮 76－85　庚戌
子女宮 太陽 巨門化忌 天刑 36－45　壬寅	財帛宮 武曲 貪狼 地劫 46－55　癸丑	疾厄宮 天同化權 太陰化祿 鈴星 56－65　壬子	遷移宮 天府 火星 天魁 66－75　辛亥

『星』字是9劃，納音五行屬金。『雲』是12劃，納音五行屬土，兩字是印綬相生的。

『星雲』二字的天格是正印，人格和地格是食神，總格和外格形成正財。因此名字也形成財格。故而從命格上來看，或從名字上來看。此人不富才怪。雖然他將一生的志業帶入空門之中，造就了在全世界的資產有一百三十多億美金，這麼龐大的數字，善緣廣結，和命格、名字主富的格局，就是創造了佛光山富可敵國奇蹟的真正關鍵根源。

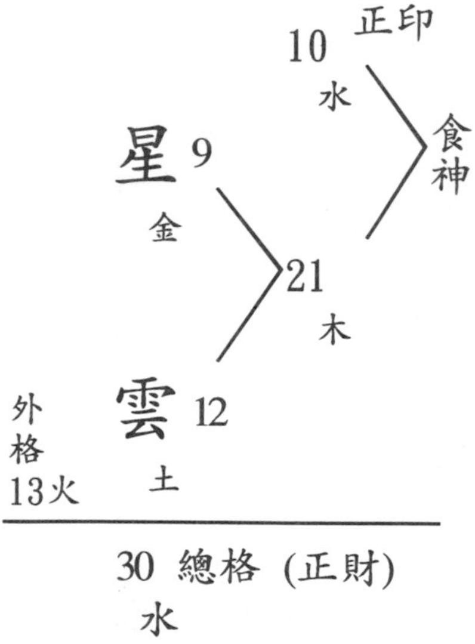

第十章 取名選字時常用的意象

通常命理師在為人取名選字時，每個人的習慣都不一樣，很多人都有自己常用、慣用的字。就像某位命理師為人取名時，他認為女子應該多享福做少奶奶，多常用『婷』字來取名。他認為男子應多努力奔波，常用『健』字、『凱』字。有什麼道理？可能他自己有一套說詞，這是商業機密，不便公開。

但是，一般命理師在取名選字的過程中，常用意念現象來選取或排除某些字，是有一定的法則的，為了求取選擇名字時的完美圓滿，我在這裡再討論這個問題。

命理師因意象問題，不喜用之字

1. 與生肖相剋的字皆不喜歡用，那怕是字中有一小丁點，也不算好。

例如：

子年生的人

子年生的人，不喜歡有土旁，土頭的字，字中有土皆不好，像『樹』字中有一小『土』，亦有土剋水之嫌，算是不佳。子年生的人也怕用『榮』、『瑩』、『熒』等字，因為水火相剋的關係，倘若要用帶火的字，就要用納音五行屬火的字，表面字面上不要有火，而讀音為舌音屬火的字即可，例如端、定等字。

子年生的人，也不喜歡字中有『卯』字，因為子卯相刑之故。子年生的人，宜字中有丨直劃的。例如『華』字、『中』等字，別的生肖的人並不見得能用。

子年生的人，也不宜用字中有『午』字、『戌』字、『刀』字等字。

午年生的人

午年生的人也一樣，不喜歡名字中有帶水旁，或字中有水之字，會有滅火、晦火之嫌。同時也最好不要有『子』字、『龍』字、『辰』字，這些字的五行都代表水字，是不合適的，有直沖相剋之義。

午年生的人，不宜字中有一直劃的字，直劃都代表『子』字。

午年生的人，最好字中有『南』字、『火』字、『寅』字、『戌』、『丁』等字。有『刀』字也無妨，如『昭』字，因寅、午、戌三合的關係。但是有『刀』字在字中，會有刀厄，屬於三刑，要慎用之，有車禍、開刀的狀況。

午年生的人，宜字中有『日』字，如『宣』字、『景』、『晟』、『暘』等字。因為『午』是南方，是日麗中天之故。但用『日』字要小心有高血壓、頭痛、中風、眼目不佳，有眼疾等狀況，命中缺火，喜用神為丙火、丁火的人，才能用。火多的人用之，身體定有狀況發生，字中有『丁』字亦可。

丁也是火。但切記『日』不可被山壓，如『崑』字。

丑年生的人

丑年生的人，不喜歡字中帶水，因為丑辰相刑，因此字中有『辰』，有三點水旁，有『龍』字，皆不好，有刑剋。也不喜歡字中有『犬』字旁，或有『犬』字，因為丑戌相刑，所以『嶽』字、『狄』、『貓』、『獨』、『獻』字皆不適合丑年生的人。

丑年生的人，亦不喜歡字中有『羊』字，因為丑未相刑，是故如『樣』字、『姜』、『美』、『羚』、『群』、『義』等字皆不宜丑年生的人。

丑年生的人，因巳、酉、丑三合，倒是不妨用『走』部、『土』部，字中有『辛』字等字，例如『達』、『健』、『逢』、『連』等字，或是字中有『丑』也很好。字中有『牛』字也行。例如『紐』、『牡』丹的『牡』字、『特』字等。

寅年生的人

寅年生的人，不喜歡字中有『口』字，因為虎張口，愛咬人，太凶，也不喜歡字中有蛇的影像出現，例如有『走』部、有『邑』部的，有『風』的外衣的，有『几』字在字中的字。像是『達』、『健』、『連』皆不好，『巳』、『鳳』、『兒』、『菟』等字皆不宜，有『乙』的字在字中也不好，因為寅巳相刑。虎不吃草，是吃肉的，有草字頭的字不好。有肉月旁的字較適宜。例如『育』、『服』等字。

寅亥相刑，所以有『豕』字的字也不好，也不可用。例『豪』、『豹』。寅申相刑，有『申』字在字中的字也不能用，例如『坤』字。

虎年生的人不喜歡有寶蓋頭的字『宀』，因為虎不是家畜類故不宜。老虎也不宜常待在穴中，不能虎虎生風。

虎年生的人喜歡有『虎』字旁的字，如『彪』字。也喜歡有『虍』字頭的字，如『處』、『虛』、『虞』字。

寅、午、戌三合，故『犬』字部，『馬』字部的字皆可用。字中有『午』字、『戌』字的也可用，寅中含『甲』字、『丙』字、『戊』字，故字中有『甲』、『丙』、『戊』等字皆可用。例如『炳』字。有血光『皿』字也不怕，例如『盈』字。但依然有血光之災的。

卯年生的人

卯年生的人，不喜歡名字中有『酉』字、『辛』字、『申』字，是金木相剋的原理。宜有草字頭，木字旁，或字中多木，也不宜納音屬金的字。字中有羊、豕亦可，因為卯、亥、未三合之故。

卯年生的人，不宜字中有『子』字或三點水旁，不宜有『辰』字在字中，這是子卯相刑，卯辰相害之故，字中亦不可有『刃』字在其中，會有劫財、血刃為不佳。

卯年生人，不宜字中有午字，如『許』、『軒』等字，因卯破午，卯午相破之故。

卯年生的人，宜用兔子頭『⺈』的字，如『勉』字。或兔的腳『儿』的字，如『兒』、『克』、『光』、『先』等字。宜用草字頭的字，如『菫』、『蘭』、『蒨』等字。宜用『木』字旁的字，因『卯』為木。也宜用『卯』字在字中的字。如『印』字，但『印』屬『卩』部，帶刀刑，亦可寫成『

巳』。

『王』字屬斜玉旁，為玉兔，卯年生人宜用『王』字旁的字，故又屬帶蛇形，要斟酌的來看。

辰年生的人

辰年生的人，宜用『龍』、三點水旁，字中有『辰』字的字。字中有『申』字的字，如『坤』亦可。

辰年生的人，不可用字中含有『丑』字，字中含有『羊』字，也不可字中含有『卯』字，因為辰丑相刑，辰未相刑。辰卯相害之故。

龍年生的人從水，不可用草頭字、土旁的字、帶火的字。帶金的字則不妨。龍不吃草，土會剋火，水火不容，皆不宜會有害。金水有相生之意，故不妨礙。

龍年生的人，不宜字中有『午』、『火』、『南』、『日』等字。『南』字代表南方屬火。『日』字也屬火，皆不宜。

龍從水，用『雨』字頭的字，如『霈』、『霖』是好的，吉的。

龍年生的人，不宜有『山』字頭的字，例如『崑』、『嶽』等字，有被山壓頂之勢。龍騰於天，不可壓制，也不可有土來掩蓋，『土』頭的字亦不佳。山是『土丘』，故不好。字中有『阜』字，左鉤耳『阝』也不好。『阜』就是土山的意思。屬龍的人，名字中不可有『口』字，龍開口洩氣，不佳。

巳年生的人

巳年生的人，宜用字中有『巳』、『几』、『儿』，或走之部『廴』、『之』或『乚』等字，雖然巳、酉、丑三合，但蛇與雞與牛的長相相差太遠了。用『酉』字在字中，或『丑』字在字中的字，勉強算是三合，但是不是太恰當的事。

蛇年生的人，不宜字中有『人』字，如『亻』旁，或『舍』字上有『人』等字，因為蛇怕人，人也會怕蛇。用此『人』字在名中的蛇年生人，都會有膽小、做事猶豫，進退不得之苦。

蛇年生人不宜用『虍』字頭的字，因為寅巳相刑。也不能字中有『申』字，巳申相刑之故。

蛇年生的人，也不宜用『口』字在字中的字。蛇開口即是災禍產生。自古以來一直有『蛇口關』之說，蛇開口是不吉的，因此不可用。也有人把『王』字當做死蛇，看做中間一條蛇被三條橫木攔腰砍斷了，故認為『王』或『艸』字的字，或字中有『王』的字對蛇年生人不吉。這是見仁見智的說法，請讀者自己斟酌。

『巳』中含火金，蛇年生的人，也不喜字中有水，宜用相生的意象較好。

未年生的人

午年生的人之宜忌，前面說過了。

未年生的人，宜用字中有『羊』字，『未』字的字，如『翔』、『朱』。未中帶木，故宜『木』字旁，或字中有『木』的字。卯、亥、未三合，但仍以『木』為最宜。

羊年生的人，不宜字中有『水』或氵三點水旁的字，或字中有『辰』、『龍』，因為未辰相刑，子未相害之故。也不宜字中有『犬』字或『犭』旁的字，因為丑戌相刑。更不宜字中帶『刀』、『刃』，因為刀刃皆屬三刑。有刀傷、車禍、開刀等災禍。

丑未相刑，故羊年生的人，不宜名字中有『丑』、『牛』相關的字在字中。丑、戌、辰、未皆是相刑的，故相關的字形在字中皆不宜，字中帶『虎』頭的，如『虍』、『广』皆對羊不利，羊入虎口，不可用。

申年生的人

申年生的人，桃花重，名字中要有正官、正財，不可多偏官、偏財，會有邪淫桃花，容易成為愛情或婚姻中的第三者。

申年生的人，宜用的字，應與金水有關的字。申、子、辰三合，帶水金的字都較好，水字旁，『雨』字頭、『金』字旁的字皆宜。

申年生的人，不宜字中帶『木』字，金木相剋，也不宜字中帶『火』，火金相剋，會有刑肺之慮。金木相剋會刑肝腎，也不宜有『日』在字中，或有『南』、『午』等字。

寅、申相沖，巳申相刑，所以含有『虎』字、『寅』字等字皆不可用。含有蛇形的字，如『辶』、『乚』、『之』、『几』、『儿』等皆不可用。

申、亥相害，字中有『豕』的字，有『亥』字，有肉月旁的字皆不可用。

酉年生的人

酉年生的人，最適宜『酉』、『隹』在字中的字。有『彡』的字亦可。雞年生的人，很愛漂亮，喜歡彩衣，有『彡』字就是披彩衣的意思，算是美的、好的。如『彩』字、『彤』字、『彰』、『影』、『彭』等字都適合。『隹』字在字中就是『雞』字，雞頭上有冠，形成彩衣。例如『佳』字、『雄』、『雅』、『雁』、『雋』、『雙』等字都適合酉年生的人。

字中有『鳥』字的字，也適合雞年生的人，因雞屬鳥類之故。如『鳴』、『鳳』、『鶴』等字。

巳、酉、丑三合。所以有走之部的字如『辶』、『之』等對雞年生的人沒有妨礙，但會造成奔波或一事無成。不算最吉的字。

酉年生的人也適合『金』字旁的字，和字中有『辛』字的字。因為『酉』屬金，是辛金之故。

酉年生的人，不宜名字中有『木』字，因金木相剋，卯酉相刑之故。也不宜有『火』字、『午』字、『日』字等字，因午酉相破，火會剋金。更不宜有『犬』字、『犭』字，有刀刑等字，因酉戌相害，狗會咬雞之故。彼此有刑剋。

戌年生的人

戌年生的人，宜寅、午、戌三合的字來取名。也宜用刀刑之字，因為有三刑之故。如字中帶『刂』、『刀』、『戈』的字，『丁』、『干』字等字。例如『武』字、『昭』字、『紹』、『劉』、『予』、『我』、『寧』、『軒』字等字。

狗年生的人，可用字中帶血之字『皿』字，因有三刑之故。如『盈』、『益』、『盟』、『盛』等字，也可用『犬』字，『狂』旁的字。如『嶽』、『狄』、『猛』、『猶』等字。

狗年生的人，命中帶火土，宜用『午』、『火』、『南』、『丁』等字。『戌』字含金，代表西方。用字中有『西』或含火金的字亦可。

狗年生的人，不宜字中有『口』字，或『日』字。『戌行吠日』有異狀，表示有災禍產生，不吉。字中亦不可有『丑』字、『牛』字，丑戌相刑，亦不可有『羊』字，如『義』字，戌未相刑之故。亦不可有『酉』字或『隹』字、『鳥』字，酉戌相害之故。也不可有『水』字、『辰』字、『龍』字、三點水旁。因辰戌相沖，水火土相剋之故。

亥年生的人

亥年生的人，宜字中有『豕』字、『亥』字，也可以有『木』字旁，因卯、亥、未三合之故。更宜月肉旁的字，如『服』、『胡』、『肴』、『肱』等字。

豬年生的人，字中有口不妨，有『日』不好。亥屬水，日屬火，水火無情，相剋。不喜歡有『刀』、『皿』等字，帶刀光血影等字，就成了死豬，不吉。

申、亥相刑，寅、亥相刑，字中帶『申』字、『酉』字、『金』字的都不好。字中有『虍』頭、『广』的也不行。字中有『彡』字的，豬不穿彩衣，也不可用。

2 此外還有一些禁忌是從連想來的，或是從感覺上發展出來的。

例如：龍、虎皆是為王，有不可一世的地位，就不可退居下位。故屬龍是天上的王，屬虎是地上的王，名字中不可退居丞相、或朝臣的地位。因此用『丞』字、『臣』字在字中皆不宜。

有人喜歡用『聖』、『舜』這些字來做名字，姚舜、聖賢皆古人，今人未嘗得見。因此這些字都是虛渺的字，意境高，但不合乎常情的字。現在有人將這些字來用名，通常都會像命中無財的人，而要用『財』這個字來取名一樣，根本沒有效應。反而讓人嚇了一跳，有了揶揄的感覺，反而對自己是不利的。

※ 另外命理師也常將一些字歸類於某些五行之中。例如『貝』字、『頁』字等長型字，歸類屬『辰』、『子』等帶水的字。把『口』部歸類於帶火的部份。因為用口才的行業屬火。一些命理家認為字中有『口』字，即是帶食祿，有口福。但是字中有『口』的字也多是非口舌，愛爭辯、

吵架、鬥嘴，是不好的。

※字中有干角，例如『軒』字，『干』字可歸類於干戈的干，戌年生人可用。但是又認為干角藏雞（酉），因雞腳上有『距』，是干角，所以『干』字中又藏『酉』了。

※蛇是沒有腳的動物。倘若名字中用貝、或黃、或景就有腳了，算是畫蛇添足是不好的。此人會太麻煩、不好相處。

※『文』字的兩腿叉開，十二生肖皆不宜。並且以前的人，只有死後皇帝才諡『正公，故此文字多為死後留名之用。現世活者不宜用。

※同一個字中有水、有火、有金，是好多個小字集合而成的，若在字表面上就相剋的，就最好別用。例如『韻』字，其中有『日』屬火，有『貝』字帶水。水火相剋，就不宜子年，也不宜午年生的人了。更不宜土年和金年生的人。

※姓名中最下面一個字，中間有一豎的，例如『中』、『申』、『幸』等字，容易沖剋子女，生子不易，財運也守不住。

命理生活新智慧・叢書

紫微斗數全書詳析

《上、中、下、批命篇》四冊一套

◎法雲居士◎著

『紫微斗數全書』是學習紫微斗數者必先熟讀的一本書。但是這本書經過歷代人士的添補、解說或後人在翻印上植字有誤，很多文義已有模糊不清的問題。

法雲居士為方便後學者在學習上減低困難度，特將『紫微斗數全書』中的文章譯出，並詳加解釋，更正錯字，並分析命理格局的形成，和解釋命理格局的典故。使你一目瞭然，更能心領神會。
這是一本進入紫微世界的工具書，同時也是一把打開斗數命理的金鑰匙。

命理生活新智慧・叢書 46

如何推算大運・流年・流月

（上、下二冊）

全世界的人在年暮歲末的時候，都有一個願望。都希望有一個水晶球，好看到未來一年中跟自己有關的運氣。是好運？還是壞運？
中國人也有自己的水晶球，那就是紫微命理精算時間的法寶。在紫微命理中不但可看到你未來一年的命運，更可以精確的看到你這一生中每一個時間，年、月、日、時的運氣過程。非常奇妙。
『如何推算大運・流年・流月』這本書，是法雲居士利用紫微科學命理教你自己學會推算大運、流年、流月，並且包括流日、流時等每一個時間點的細節，讓你擁有自己的水晶球，來洞悉、觀看自己的未來。從精準的預測，繼而掌握每一個時間關鍵點。

這本『如何推算大運・流年・流月』下冊書中，法雲居士利用紫微科學命理教你自己來推算大運、流年、流月，並且將精準度推向流時、流分，讓你把握每一個時間點的小細節，來掌握成功的命運。
古時候的人把每一個時辰分為上四刻與下四刻，現今科學進步，時間更形精密，法雲居士教你用新的科學命理方法，把握每一分每一秒。
在每一個時間關鍵點上，你都會看到你自己的運氣在展現成功脈動的生命。

法雲居士⊙著

金星出版

如何創造事業運

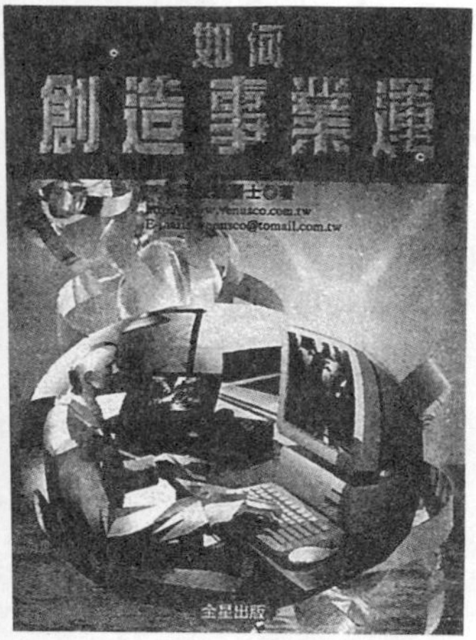

人生中有千百條的道路，
但只有一條，是最最適合你的，
也無風浪，也無坎坷，可以順暢行走的道路
那就是事業運！
有些人一開始就找對了門徑，
因此很早、很年輕的便達到了目的地，
成為事業成功的菁英份子。
有些人卻一直在茫然中摸索，進進退退，虛度了光陰。
屬於每個人的人生道路不一樣，屬於每個人的事業運也不一樣
要如何判斷自己是否走對了路？
一生的志業是否可以達成？
地位和財富能否得到？在何時可得到？
每個人一生的成就，在紫微命盤中都有顯示，
法雲居士以紫微命理的方式，幫助你檢驗人生，
找出順暢的路途，完成創造事業運的偉大工程！

紫微成功交友術

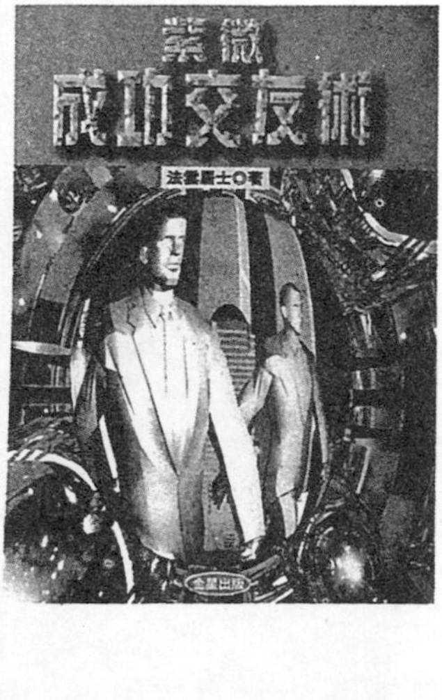

成功的人都有成功的好朋友！
失敗的人也都有運程晦暗的朋友！
好朋友能幫助你在人生中『大躍進』！
壞朋友只能為你『扯後腿』！
如何交到好朋友？
好提升自己人生的層次，進入成功者的行列！
『交友成功術』教你掌握『每一個交到益友的企機』！
讓你此生不虛此行！

命理生活新智慧・叢書

如何掌握婚姻運

在全世界的人口中，只有三分之一的人，是婚姻幸福美滿的人，可以掌握到婚姻運。這和具有偏財運命格之人的比例是一樣的。

你是不是很驚訝！婚姻和事業是人生主要的兩大架構。掌握婚姻運就是掌握了人生中感情方面的順利幸福，這是除了錢財之外，人人都想得到的東西。

誰又是主宰人們婚姻運的舵手呢？婚姻運會影響事業運，可不可能改好呢？

每個人的婚姻運玄機都藏在自己的紫微命盤之中，法雲居士以紫微命理的方式，幫你找出婚姻運的癥結所在，再以時間上的特性，教你掌握自己的婚姻運並且幫助你檢驗人生和自己ＥＱ的智商，從而發展出情感、財利兼備的美滿人生。

法雲居士⊙著

金星出版

地址：台北市南京東路3段201號3樓
電話：886-2--25630620●886-2-2755-0850
FAX：886-2705-1505
郵撥：18912942 金星出版社帳戶

如何觀命・解命
如何審命・改命
如何轉命・立命

法雲居士⊙著

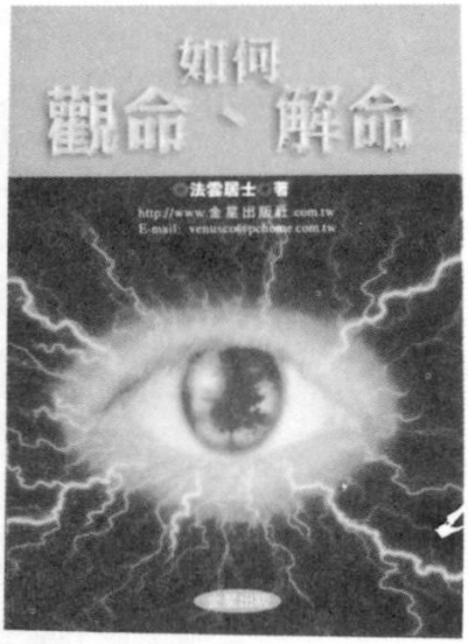

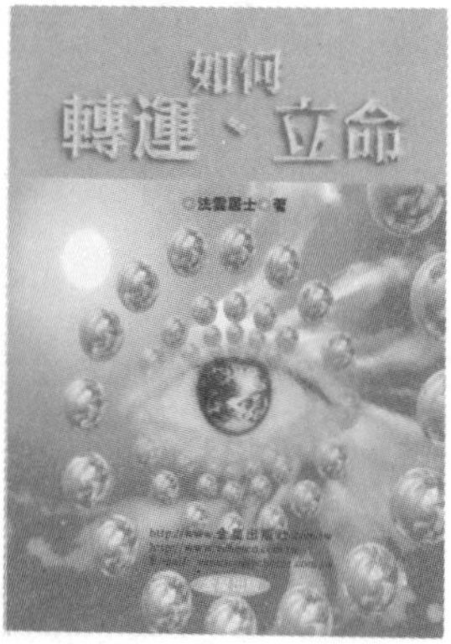

古時候的人用『批命』，是決斷、批判一個人一生的成就、功過和悔吝。
現代人用『觀命』、『解命』，是要從一個人的命理格局中找出可發揮的潛能，來幫助他走更長遠的路及更順利的路。
從觀命到解命的過程中需要運用很多的人生智慧，但是我們可以用不斷的學習，就能豁然開朗的瞭解命運。

一般人從觀命開始，把命看懂了之後，就想改命了。
命要怎麼改？很多人看法不一。
改命最重要的，便是要知道命格中受刑傷的是那個部份的命運？
再針對刑剋的問題來改。
觀命、解命是人生瞭解命運的第一步。
知命、改命、達命，才是人生最至妙的結果。

這是三冊一套的書，由觀命、審命，繼而立命。由解命、改命，繼而轉運，這其間的過程像連環鎖鍊一般，是缺一個環節而不能連貫的。
常常我們對人生懷疑，常想：要是那一年我所做的決定不是那樣，人生是否會改觀了呢？
你為什麼不會做那樣的決定呢？這當然有原因囉！原因就在此書中！

如何選取喜用神

(上冊)選取喜用神的方法與步驟
(中冊)日元甲、乙、丙、丁選取喜用神的重點與舉例說明
(下冊)日元戊、己、庚、辛、壬、癸選取喜用神的重點與舉例說明

每一個人不管命好、命壞，都會有一個用神和忌神。
喜用神是人生活在地球上磁場的方位。
喜用神也是所有命理知識的基礎。
及早成功、生活舒適的人，都是生活在喜用神方位的人。
運蹇不順、夭折的人，都是進入忌神死門方位的人。
門向、桌向、床向、財方、吉方、忌方，全來自於喜用神的方位。
用神和忌神是相對的兩極。
一個趨吉，一個是敗地、死門。
兩者都是人類生命中最重要的部份。
你算過無數的命，但是不知道喜用神，還是枉然。
法雲居士特別用簡易明瞭的方式教你選取喜用神的方法，
並且幫助你找出自己大運的方向。

命理生活新智慧・叢書

熱賣中

好運跟你跑

《全新增訂版》

法雲居士⊙著

在人一生當中，『時間』是個十分關鍵的重點機緣。

每一件事情，常因『時間』的十字標、接合點不同而有不同吉凶的轉變。

當年『草船借箭』的事跡，是因為有『孔明會借東風』的智慧而形成的。

在今時、今日現代科技的社會裡，會借東風的智慧已經獲得剖析。

你我都可成為能掌握玄機的智者。

法雲居士再次利用紫微命理為你解開每種時間上的玄機之妙。

『好運跟你跑』的全新增訂版就是這麼一本為你展開人生全新一頁，掌握人生中每一種好運關鍵時刻的一本書。

●金星出版●

地址：台北市南京東路 3 段 201 號 3 樓
電話：886-2--25630620●886-2-2755-0850
FAX：886-2705-1505
郵撥：18912942 金星出版社帳戶

紫微命格論健康

法雲居士⊙著

在中國醫藥史上，以五行『金、木、水、火、土』便能辨人病症，
在紫微斗數中更有疾厄宮是顯示人類健康問題的主要窗口，
健康在每個人的人生中是主導奮發力量和生命的資源，
每一種命格都有專屬於自己的生命資源，
所以要看人的健康就不是單單以疾厄宮的內容為憑據了，
而是以整個命格的生命跡象、運程跡象為導向，來做為一個整體的生命資源的架構
沒生病並不代表身體真正的健康強壯、生命資源豐富。
身體有隱性病灶、殘缺的，在命格中一定有跡象顯現，

健康關係著人生命的氣數和運程的旺弱氣數，
如何調養自身的健康，不但關係著壽命的長短，也關係著運氣的好壞，
想賺錢致富的人，想奮發成功的人，必須先鞏固好自己的優勢、資源，
『紫微命格論健康』就是一本最能幫助你檢驗出健康數據的書。

紫微幫你找工作

『男怕入錯行，女怕嫁錯郎』。
現在的人都怕入錯行。
你目前的職業是否真是適合你的行業？
入了這一行，為何不賺錢？
你要到何時才會有自己滿意的收入？
法雲居士用紫微命理幫你找出發財、升官之路，並且告訴你何時是你事業上的高峰期，
要怎麼做才會找到自己有興趣的工作？
要怎樣做才能讓工作一帆風順、青雲直上，沒有波折？
『紫微幫你找工作』就是這麼一本處處為你著想，為你打算、幫助你思考的一本書。

用顏色改變運氣

法雲居士⊙著

顏色中含有運氣，運氣中也帶有顏色！
中國有自己一套富有哲理系統的用色方法和色彩學。
更可以利用顏色來改變磁場的能量，使之變化
來達成改變運氣的方法。
這套方法就是五行之色的運用法。

現今我們對這一套學問感到高深莫測，
但實則已存在我們人類四周有數千年
歷史了。

法雲居士以歷來論命的經驗和實例，
為你介紹用顏色改變運氣的方法和效力，
讓你輕輕鬆鬆的為自己增加運氣和改運。

如何尋找磁場相合的人

法雲居士⊙著

每個人一出世，便擁有了自己的磁場。
好的磁場就是孕育成功人士、領導人、有
能力的人能造福人群的人的孕育搖籃。同
時也是享福、享富貴的天然樂園。壞的磁
場就是多遇傷災、破耗、人生困境、貧
窮、死亡以及災難無法躲過的磁場環境。
人為什麼有災難、不順利、貧窮、或遭遇
惡徒侵害不能善終的死亡？
這完全都是磁場的問題。

法雲居士用紫微命理的方式，讓你認清自
己周圍的磁場環境，也幫你找到能協助
你、輔助你脫離困境、及通往成功之路的
磁場相合的人。
讓你建立一個能享受福財與安樂的快樂天堂。

權祿科

法雲居士⊙著

在每一個人的生命歷程中，都會有能掌握一些事情的力量，和對某些事情能圓融處理。又有某些事情是使你頭痛或阻礙你、磕絆你的痛腳。這些問題全來自於出生年份所形成的化權、化祿、化科、化忌的四化的影響。

『權、祿、科』是對人有利的，能促進人生進步、和諧、是能創造富貴的格局。『權、祿、科』的配置好壞就是能決定人生加分、減分的重要關鍵所在。

這是一套七本書的套書，其餘是『羊陀火鈴』、『化忌、劫空『昌曲左右』、『殺破狼』、『府相同梁』。

這套書是法雲居士對學習紫微斗數者常忽略或弄不清星曜特質，常對自己的命格有過高的期望或過於看輕的解釋，這兩種現象都是不好的算命方式。因此，以這套書來提供大家參考與印證。

十干化忌

法雲居士⊙著

『權祿科忌』是一種對人生的規格與約制，十種年干形成十種不同的、對人命的規格化，以出生年份所形成的四化，其實就已規格化了人生富貴與成就高低的格局。

『權祿科』是決定人生加分的重要關鍵，
『化忌』是決定人生減分的重要關鍵，
加分與減分相互消長，形成了人世間各個不同的人生格局。『化忌』也會是你人生命運的痛腳及力猶未逮之處。

這是一部套書，其餘是『羊陀火鈴』、『權祿科』、『天空、地劫』、『昌曲左右』、『殺破狼』、『府相同梁』。

這套書是法雲居士對學習紫微斗數者常忽略或弄不清星曜特質，常對自己的命格有過高的期望或過於看輕的解釋，這兩種現象都是不好的算命方式。因此，以這套書來提供大家參考與印證。